KB059570

이은경, 안수정 지음

초등 3-2

머리말 수업 시간이 만만해지는 즐거운 상상

학교는 재미있는데, 수업 시간은 좀 별로예요. 어렵고, 지루하고, 딱딱하고, 답답해요. 공부하기 싫어서 그런 것만은 아닌 것 같아요. 오늘은 열심히 해봐야지, 나도 공부 잘하고 싶어, 라고 굳게 결심한 날에도 수업 시간은 여전히 어렵고, 지루하고, 딱딱하고, 답답하거든요.

대체 나는 왜 이럴까요? 혹시 이런 고민해 본 적 있나요?

수업 시간이 지루하고 힘들어서 빨리 끝나기만을 바라는 우리 친구들의 딱한 표정을 안타깝게 바라보던 냥냥이 친구들이 있었어요. 이 친구들이 모두 모여 오랜 시간 고민한 끝에 드디어 그 이유를 찾아냈지요. 범인은 바로, 교과서 속 어휘! 어휘를 모르니 내용을 이해할 수 없는 거였어요.

우리 친구들이 보는 교과서에는 도저히 무슨 뜻인지 알 수 없는 어휘들이 툭툭 자꾸 튀어나와요. 이제 막 공부라는 것에 도전하려는 우리 친구들에게는 교과서 본문 속 어휘들이 너무나 낯설게 느껴졌을 거예요.

어휘의 뜻만 미리 알고 있었다면 척척 이해되고 기억되었을 내용인데, 겨우 그것 때문에 지금껏 교과서와 친구가 되지 못했다니 억울할 지경이에요.

그래서 냥냥이 친구들이 '짠' 하고 나타났어요. 공부를 열심히 해서 시험도 백 점 맞고 싶고, 나만의 소중한 꿈도 이루고 싶고, 오래오래 기억될 훌륭한 사람이 되고 싶은 친구들을 위해 꼭 기억해야 할 어휘를 골라 주고, 설명해 주고, 교과서에서 찾아 주고, 퀴즈도 내줄 거예요. 어휘 공부가 끝나면 새롭게 알게 된 어휘를 내 것으로 만들어 버릴 교재가 기다리고 있으니 활용해 보세요.

이제 냥냥이가 이끄는 대로 즐겁게 한 발씩 따라가기만 하면 돼요. 그럼 자연스럽게 수업 시간이 만만하고, 즐겁고, 시간이 후딱 지나가는 제법 해볼 만한 도전이 될 거예요.

새롭고 힘찬 새학기의 시작을 응원하며

냥냥이 친구들이

이 책의 구성과 특징

개념어의 뜻을 설명해 준다.

01 강수량

1. 환경에 따라 다른 삶의 모습

비, 눈, 우박, 안개 따위로 일정 기간 동안 일정한 곳에 내린 물의 총량

어휘교실

개념어가 한자어인 경우 그 음과 뜻을 알려 주고, 한자어가 아닌 경우 개념어의 어원이나 유래, 비슷한 말 따위를 알려 준다.

우아! 엄청 오네.

오늘 강수량이 많겠군.

降	水	量
내릴 강	물 수	헤아릴 량(양)

교과서에서 개념어가 사용된 문장을 통해 개념어에 대한 이해를 높인다.

교과서 속 어휘찾기

- 고장의 날씨와 관련된 기온과 **강수량**을 그래프로 나타내면 그 지역의 기상 상태를 한눈에 쉽게 알아볼 수 있다.
- 내일부터 며칠간 비가 내리고 **강수량**도 많을 예정이다.

강수량은 강우량과 강설량을 포함한 말?

강수량은 알겠는데, 강우량과 강설량은 뭐냥?

강우량은 강수량 중에서 비가 내린 양만을 말하고, 강설량은 강수

눈이 내린 양만을 말해.

아! 비 우(雨) 자를 써서 강우량, 눈 설(雪) 자를 써서 강

량은 강우량과 강설량을 포함하는 말이구나.

맞아. 어제 폭우로 강수량이 100 mm가 넘었대.

개념어의 확장된 의미에 대해 알려 주어 개념어만 공부하는 것이 아니라 폭넓은 어휘를 학습할 수 있게 한다.

1. 비, 눈, 우박, 안개 따위로 일정 기간 동안 일정한 곳에 내린 물의 총량을 (　　　) 이라고 한다.

2. 다음 중 '강우량'과 '강설량'을 포함하는 말은?

① 강하다　② 강아지　③ 강수량　④ 북한강

간단한 형태의 퀴즈를 풀며 개념어를 이해했는지 확인한다.

알갓냥의 하루

개념어를 사용한 재미있는 냥냥이들의 만화를 통하여 자연스럽게 개념어를 한번 더 알게 한다.

발달하다

너희들 스마트폰으로 가족이나 친구랑 영상 통화를 해 본 적 있지? 영상 통화가 가능한 것은 과학 기술의 수준이 높아졌기 때문이야. 이렇게 '발달하다'는 '규모나 수준이 점차로 커지거나 나아지는 것'을 의미해.

서술어에 대한 뜻과 활용한 문장을 설명한다.

서술어 친구들

비슷한 말 / 반대말

발달하다

진보하다, 발달되다, 발전하다, 나아지다

쇠퇴하다, 퇴보하다

서술어의 비슷한 말과 반대말을 알아본다.

개념어랑 서술어랑

일기 예보 + 발달하다

요즘 일기 예보가 점점 정확해지고 있어. 그 이유는 과학 기술이 발달해서야. 인공위성과 같은 첨단 기술을 이용하기 때문에 일기 예보의 수준도 점점 높아지고 있어.

각 단원에서 배운 개념어와 서술어를 조합하여 개념어와 서술어가 아우러진 문장을 학습한다.

차례

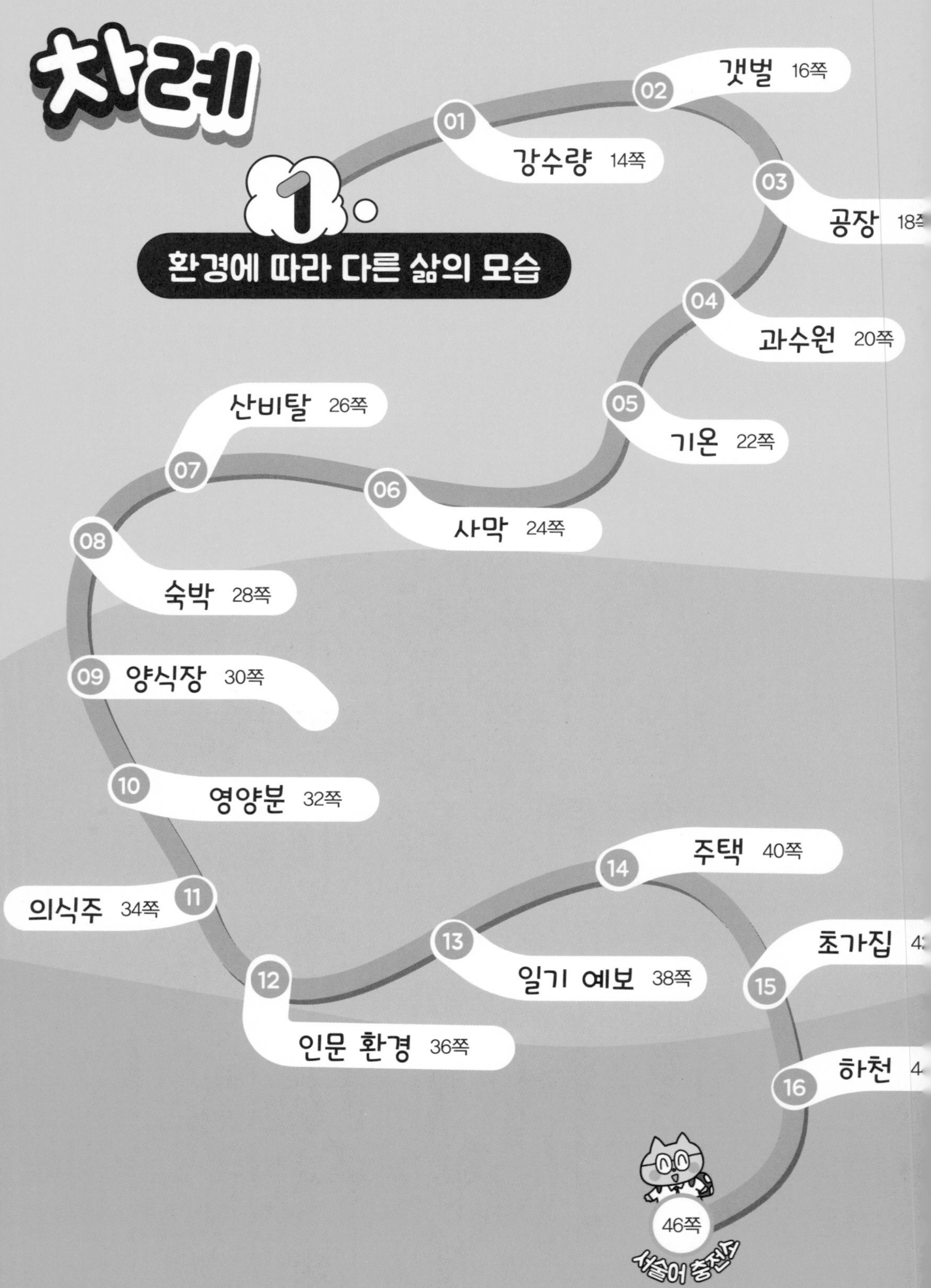

1. 환경에 따라 다른 삶의 모습

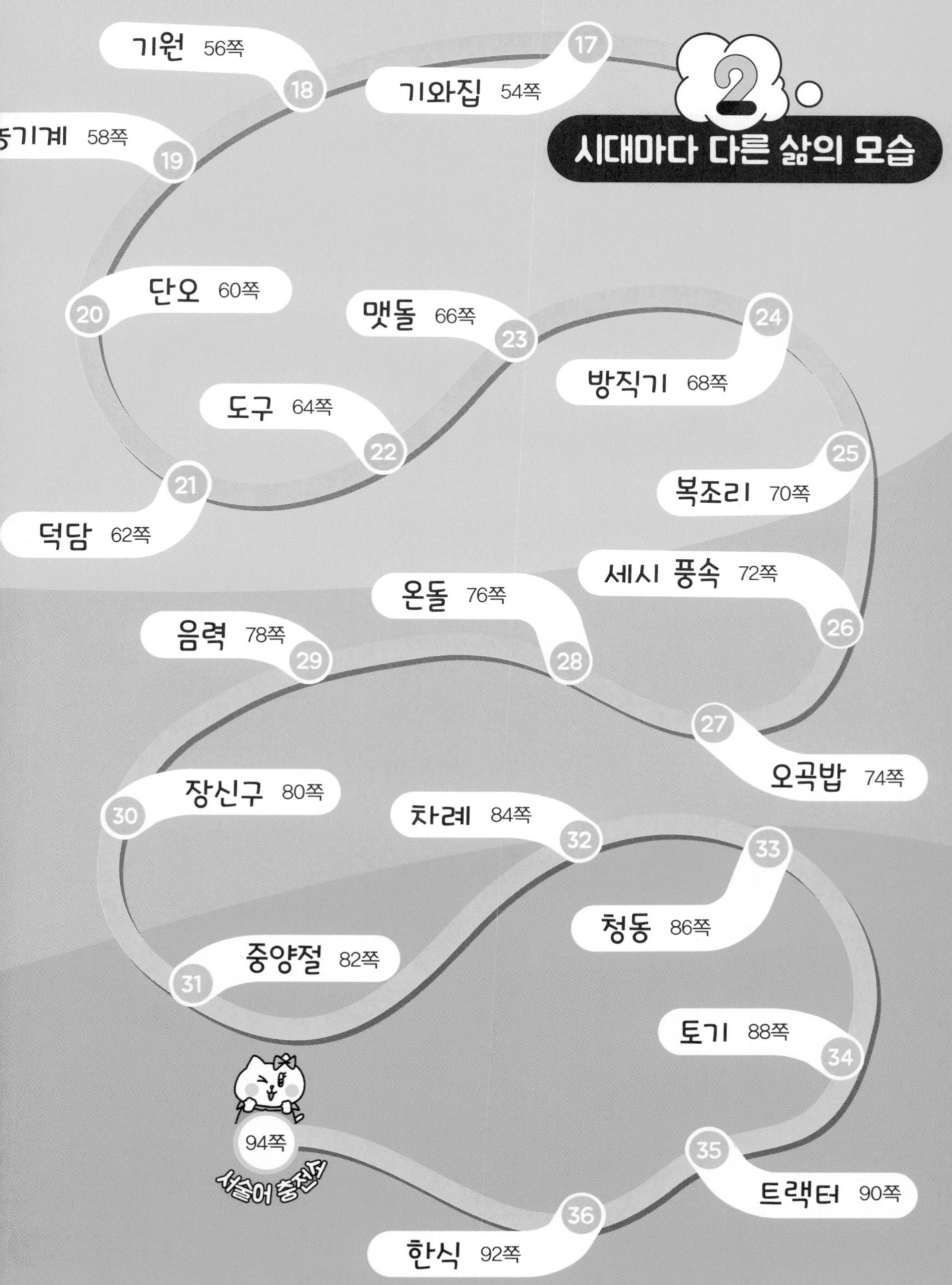
2.
시대마다 다른 삶의 모습
17 기와집 54쪽
18 기원 56쪽
19 기계 58쪽
20 단오 60쪽
21 덕담 62쪽
22 도구 64쪽
23 맷돌 66쪽
24 방직기 68쪽
25 복조리 70쪽
26 세시 풍속 72쪽
27 오곡밥 74쪽
28 온돌 76쪽
29 음력 78쪽
30 장신구 80쪽
31 중양절 82쪽
32 차례 84쪽
33 청동 86쪽
34 토기 88쪽
35 트랙터 90쪽
36 한식 92쪽
94쪽
서술어 충전소

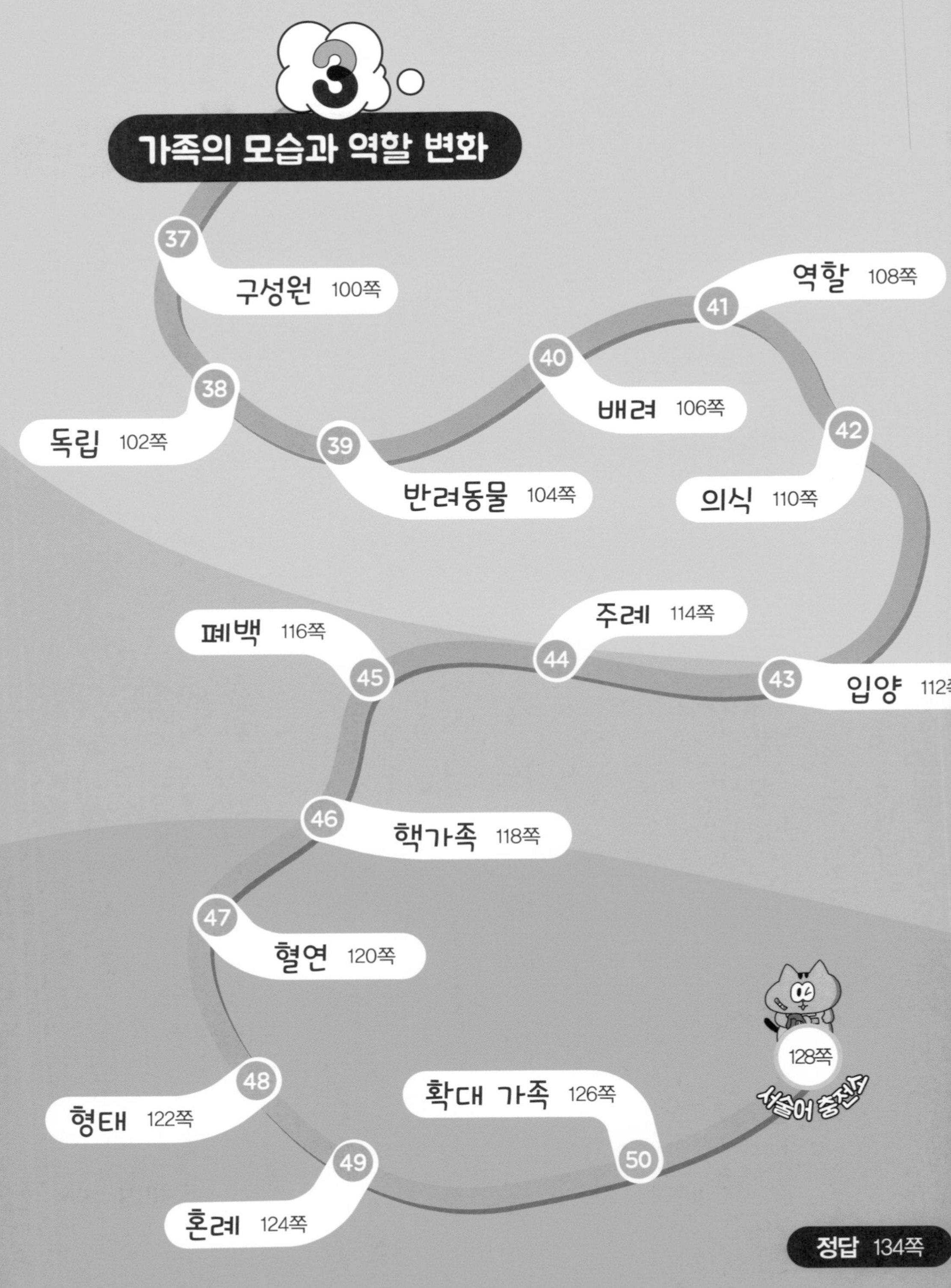
3.
가족의 모습과 역할 변화
37 구성원 100쪽
38 독립 102쪽
39 반려동물 104쪽
40 배려 106쪽
41 역할 108쪽
42 의식 110쪽
43 입양 112쪽
44 주례 114쪽
45 폐백 116쪽
46 핵가족 118쪽
47 혈연 120쪽
48 형태 122쪽
49 혼례 124쪽
50 확대 가족 126쪽
128쪽
서술어 충전소
정답 134쪽

등장 인물 소개

괜찬냥

언제나 친구들을 먼저 따뜻하게 챙긴다.
친구에게 어려움이 있을 때 괜찮냐고 묻고 도와준다.

머라냥

친구들의 말을 열심히 안 듣고 있다가
나중에 엉뚱한 소리를 한다.

예뽀냥

예쁘고 발랄한 공주님 같은 고양이.
예쁜 것을 보면 정신을 못차리고 갖고 싶어 한다.

모르냥

잘 몰라서 새로운 내용이 나올 때마다 깜짝 놀란다.
친구들이 알려 주면 고마워한다.

알갓냥

똑똑하고 아는 게 많고 책을 좋아하고 자신감이 넘치고
잘난 척을 한다.

어쩌냥

사고를 치고 덜렁거리며 구멍이 많지만 해맑다.
일부러 그러는 건 아니지만 친구들에게 피해를 줄 때도 있다.

1. 환경에 따라 다른 삶의 모습

무엇을 배우나요?

1단원은 '(1) 우리 고장의 환경과 생활 모습'과 '(2) 환경에 따른 의식주 생활 모습'이라는 두 개의 소단원으로 되어 있어요. 먼저 고장의 여러 자연환경과 인문 환경을 살펴보며 고장의 특성을 파악하고, 고장 사람들이 하는 일과 여가 활동을 배울 거예요. 그리고 의식주가 무엇인지 알아보고, 고장의 환경이 고장 사람들의 의식주 생활 모습에 미치는 영향을 살펴볼 거예요.

개념어

강수량
갯벌
공장
과수원
기온
사막
산비탈
숙박
양식장
영양분
의식주
인문 환경
일기 예보
주택
하천
초가집

서술어

발달하다
섭취하다
수리하다
유명하다
이용하다
제공하다

강수량

1. 환경에 따라 다른 삶의 모습

비, 눈, 우박, 안개 따위로 일정 기간 동안 일정한 곳에 내린 물의 총량

교과서 속 어휘찾기

- 고장의 날씨와 관련된 기온과 **강수량**을 그래프로 나타내면 그 지역의 기상 상태를 한눈에 쉽게 알아볼 수 있다.
- 내일부터 며칠간 비가 내리고 **강수량**도 많을 예정이다.

강수량은 강우량과 강설량을 포함한 말?

강수량은 알겠는데, 강우량과 강설량은 뭐냥?

강우량은 강수량 중에서 비가 내린 양만을 말하고, 강설량은 강수량 중에서 눈이 내린 양만을 말해.

아! 비 우(雨) 자를 써서 강우량, 눈 설(雪) 자를 써서 강설량! 그러니까 강수량은 강우량과 강설량을 포함하는 말이구나.

맞아. 어제 폭우로 강수량이 100 mm가 넘었대.

1. 비, 눈, 우박, 안개 따위로 일정 기간 동안 일정한 곳에 내린 물의 총량을 (　　　　) 이라고 한다.

2. 다음 중 '강우량'과 '강설량'을 포함하는 말은?

① 강하다　　② 강아지　　③ 강수량　　④ 북한강

알갓냥의 하루

밀물 때는 물에 잠기고 썰물 때는 물 밖으로 드러나는 모래 점토질의 평탄한 땅

어휘교실

갯벌은 순우리말로, **개**(강이나 하천에 바닷물이 드나는 곳)와 **벌**(넓고 평평하게 생긴 땅)의 합성어이며, **개펄**이나 **펄**이라고도 한다. 비슷한 한자어로 **개펄 석**(潟)이 있다.

교과서 속 어휘찾기

• 바닷물이 나갔다 들어왔다 하는 넓은 땅인 **갯벌**이 있는 고장에서는 꼬막, 바지락, 굴 등을 이용한 음식이 발달했다.

• **갯벌**과 옛 염전터에 만든 공원에서 자연을 관찰하고 염전 체험을 할 수 있다.

갯벌이 중요하다고?

갯벌은 다양한 생물들이 사는 곳이라고 들었어. 예를 들면 바지락 같은 조개류, 게 종류, 낙지 등이 살아가는 곳이고, 철새들에게는 먹이를 구할 수 있는 매우 중요한 곳이래. 그 외에 갯벌이 중요한 이유는 뭘까?

음. 갯벌은 육지에서 흘러드는 오염 물질을 걸러 내어 바다가 더러워지는 것을 막아 주는 중요한 역할을 하기도 해.

위대한 갯벌!

나도 갯벌만큼 중요한 냥냥이라고!

1. 밀물 때는 물에 잠기고 썰물 때는 물 밖으로 드러나는 모래 점토질의 평탄한 땅을 (갯벌, 들판)이라고 한다.

2. 다음 중 갯벌에 사는 생물이 아닌 것은?

① 게　　② 거미　　③ 낙지　　④ 바지락

괜찮냥의 하루

03 공장

원료나 재료를 가공하여 물건을 만들어 내는 설비를 갖춘 곳

교과서 속 어휘 찾기

- 사람들은 고장의 자연환경을 이용하여 논, 밭, 과수원, 건물, 다리, 도로, **공장**, 항구 등과 같은 다양한 인문 환경을 만든다.
- 작년 말 우리 고장에는 반도체 **공장**이 완공되어 생산을 준비 중이다.

공장에는 설비가 있어야 해.

이 복숭아 통조림은 공장에서 만든 거래. 너무 맛있어서 나도 집에서 많이 만들어 먹고 싶어.

그건 어려울 걸? 공장에는 통조림을 만드는 설비가 갖추어져 있는데 너희 집엔 없잖냥. 설비란 필요한 것을 베풀어서 갖춘 시설을 말해.

공장의 통조림 설비가 모두 내 거였으면.

못 말려!

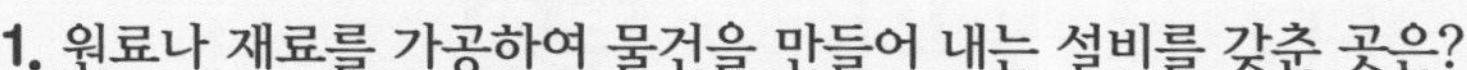

1. 원료나 재료를 가공하여 물건을 만들어 내는 설비를 갖춘 곳은?

① 간장 ② 된장 ③ 공장 ④ 고추장

2. 다음 중 '공장'에서 만들 수 <u>없는</u> 것은?

① 통조림 ② 스마트폰 ③ 자동차 ④ 내 마음

예뻐냥의 하루

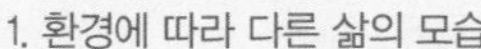

04 과수원

과실나무를 전문적으로 재배하는 시설

어휘 교실

과실 과 | 나무 수 | 동산 원

교과서 속 어휘찾기

- 인문 환경은 사람에 의해 만들어진 환경으로 논과 밭, **과수원**, 집, 공장, 도로 등이 있다.
- 사람들은 고장의 자연환경을 이용하여 논, 밭, **과수원**, 다리, 도로, 공장 등과 같은 인문 환경을 만든다.

과수원과 과목밭은 비슷해!

난 과수원 중에서 사과 과수원이 정말 좋아!

나도 그래. 과목밭에 사과가 주렁주렁 열린 모습이 보기 좋거든.

과목밭이 뭐냥?

과수원과 과목밭은 비슷한 말이야. 과목도 과수와 같이 열매를 얻기 위해서 가꾸는 나무를 말하거든.

아! 과실나무 말이구나. 이런 얘기 하다 보니 정말 사과랑 감이랑 과실들이 먹고 싶다!

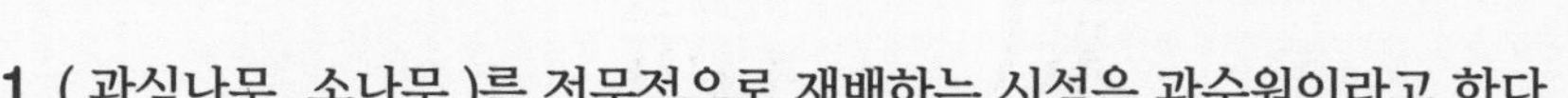

1. (과실나무, 소나무)를 전문적으로 재배하는 시설을 과수원이라고 한다.

2. 다음 중 '과목밭'과 비슷한 어휘는?

① 과자 ② 과학 ③ 과수원 ④ 과일

모르냥의 하루

대기(大氣)의 온도. 보통 지면으로부터 1.5 m 높이의 백엽상 속에 놓인 온도계로 잰 온도

교과서 속 어휘찾기

- 내일은 주말부터 이어진 추위가 물러가고 낮부터 평년 **기온**을 회복하겠다.
- 계절에 따라 **기온**과 강수량이 달라진다.

기온과 대기는 어떻게 달라?

대기의 온도를 기온이라고 하잖아? 그럼 '대기'는 무슨 뜻이냥?

'대기(大氣)'는 '공기'를 다르게 이르는 말이야. 지구 중력에 의해 지구를 둘러싸고 있는 기체를 말하지.

아하! 그러면 기온은 공기의 온도를 말하는 거구나. 현재 기온은 18도(℃), 책 읽기 좋은 온도지. 난 이제부터 독서광이 될 거야.

정말이냥?

1. 다음 중 '대기의 온도'를 뜻하는 어휘는?

① 기구　　② 기자　　③ 기온　　④ 기차

2. '대기'는 지구 중력에 의해 지구를 둘러싸고 있는 기체로, '공기'를 다르게 이르는 말이다. (O, X)

어쩌냥의 하루

연중 강수량이 적은 데 비해 증발량이 많아 초목이 거의 자랄 수 없는 불모의 토지. 드문드문 오아시스(oasis)가 있음.

교과서 속 어휘찾기

- 사막이 있는 고장 사람들의 의생활 특징을 알아보자.
- 사막이 있는 고장에서는 뜨거운 햇볕과 모래바람을 막기 위해 긴 옷을 입고, 머리에는 천을 둘러 감는다.

사막에는 오아시스가 있다고?

사막에서는 물 구하기가 어렵다면서? 그럼 사람이 살기는 힘들겠네.

그래도 오아시스(oasis) 주변에는 사람들이 산다고 해. 오아시스란 사막 가운데에 샘이 솟아올라 식물이 자라고 사람이 생활할 수 있는 곳을 말해. 오아시스 주변에서는 농사를 짓기도 한대.

사막에서 오아시스를 발견하면 정말 좋겠다. 난 공부하다가 엄마가 컴퓨터 게임을 허락해 주시면 오아시스를 만난 기분이야.

난 맛있는 음식이 나만의 오아시스야.

1. 연중 강수량이 적은 데 비해 증발량이 많아 초목이 거의 자랄 수 없는 불모의 토지를 (　　　)이라고 한다.

2. 다음 중 '오아시스'를 볼 수 있는 곳은?

① 사막　　② 사자　　③ 사랑　　④ 사람

머라냥의 하루

1. 환경에 따라 다른 삶의 모습

산에 가파르게 기울어져 있는 곳

비탈은 산이나 언덕 따위가 기울어진 상태나 정도,
또는 그렇게 기울어진 곳을 뜻하는 순우리말로, 경사와 비슷한 말이다.

교과서 속 어휘찾기

- 겨울에는 **산비탈**을 이용해 만든 스키장에서 일하거나, 그 주변에서 식당이나 숙박 시설을 운영하기도 한다.
- 목장에서 소나 양을 키우거나 **산비탈**에 밭을 만들어 농사를 짓는다.

산비탈과 산허리는 비슷해.

산비탈에 눈썰매장이 있네?

재밌겠다. 앗! 갑자기 산허리에 구름이 껴서 잘 안 보여.

산허리가 뭐냥? 처음 듣는 말인데?

산허리는 산비탈과 비슷한 말로 산 둘레의 중턱이란 뜻이지.

하하. 산도 사람처럼 허리가 있나 보네. 우리 산비탈에 눈썰매 타러 가자!

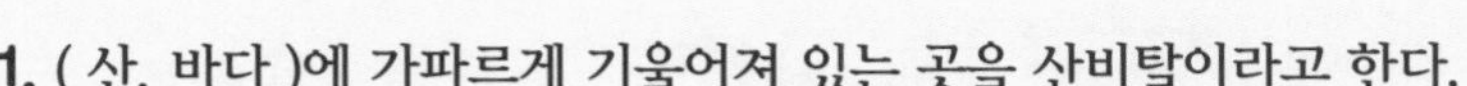

1. (산, 바다)에 가파르게 기울어져 있는 곳을 산비탈이라고 한다.

2. 다음 중 '산허리'와 비슷한 어휘는?

① 산비둘기 ② 산비탈 ③ 산속 ④ 산토끼

모르냥의 하루

여관이나 호텔 따위에서 잠을 자고 머무름.

교과서 속 어휘찾기

- 눈이 많이 내리는 계절에는 스키장 주변에서 식당이나 **숙박** 시설, 장비 대여점을 운영하기도 한다.
- 사람들이 많이 찾는 문화유산 주변에는 식당이나 **숙박** 시설이 많다.

숙박과 숙박 시설은 달라.

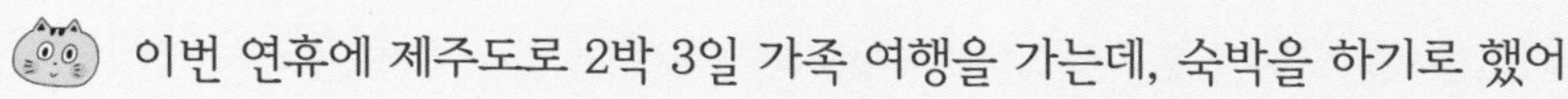

이번 연휴에 제주도로 2박 3일 가족 여행을 가는데, 숙박을 하기로 했어.

여관이나 호텔 같은 숙박 시설에서 머무르겠구나.

숙박과 숙박 시설의 차이점은 뭐냥?

숙박은 여관이나 호텔 따위에서 잠을 자면서 머무르는 것을 말하고, 숙박 시설은 숙박을 하는 여관이나 호텔, 펜션 등을 말해.

멋진 숙박 시설이었으면 좋겠어!

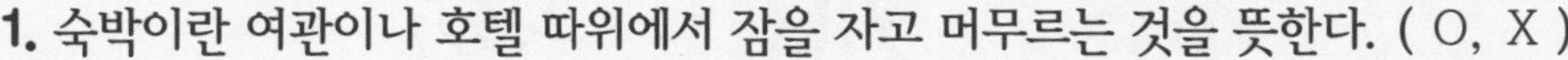

1. 숙박이란 여관이나 호텔 따위에서 잠을 자고 머무르는 것을 뜻한다. (O, X)

2. 다음 중 '숙박 시설'이 아닌 곳은?

① 여관　② 호텔　③ 펜션　④ 내 방

예뽀냥의 하루

일정한 설비를 갖추어 놓고 물고기나 해조, 버섯 따위를 인공적으로 길러서 번식시키는 곳

교과서 속 어휘찾기

• 바다에서 조개나 전복 등 수산물을 얻는 일을 하거나 가까운 바다에 **양식장**을 만들어 물고기, 김, 미역 등을 기르는 사람도 있다.

• 바다가 있는 고장 사람들은 물고기를 잡거나 **양식장**을 만들어 김, 미역, 다시마 등을 기르기도 한다.

양식장에서 기르는 것들!

저기 바다에 하얗게 떠 있는 부표들은 양식장을 표시하는 거래.

그렇구나. 양식장에서 주로 기르는 것들에는 뭐가 있냥?

광어 같은 물고기류, 굴 같은 조개류, 김과 다시마 같은 해조류 등이 있어.

자주 먹는 해산물들이 양식장에서 기르는 것들이었구나.

자연에서 직접 잡는 것도 있고, 양식장에서 기르는 것도 있어. 양식을 하면 직접 잡는 것보다 더 많은 해산물을 길러 낼 수 있어.

1. 일정한 설비를 갖추어 놓고 물고기나 해조, 버섯 따위를 인공적으로 길러서 번식시키는 곳은?

① 운동장 ② 양식장 ③ 축구장 ④ 야구장

2. 다음 중 '양식장'에서 기르는 것이 아닌 것은?

① 김 ② 굴 ③ 바나나 ④ 다시마

알갓냥의 하루

10 영양분

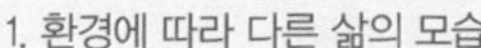

영양이 되는 성분

營	養	分
경영할 **영**	기를 **양**	나눌 **분**

교과서 속 어휘찾기

- 사람이 살아가기 위해서는 몸을 보호할 수 있는 옷과 **영양분**을 얻기 위한 음식, 안전하고 편안하게 쉴 수 있는 집이 필요하다.
- 우리는 주로 음식에서 **영양분**을 얻는다.

영양분과 자양분?

만약 먹을 음식이 없다면 우린 어떻게 될까? 아마도 살아가기 힘들 거야. 우리는 음식을 통해 얻는 영양분으로 살아가니까.

맞아. 우린 음식을 먹어서 자양분을 흡수하지.

자양분? 영양분과 비슷한 말이냥?

응, 자양분과 영양분은 비슷한 뜻을 가지고 있어. 자양분은 몸의 영양을 좋게 하는 성분을 말해. 우리 조상들은 더운 여름을 건강하게 나기 위해 자양분이 많은 삼계탕을 먹었대.

1. 영양분이란 (영양, 세균)이 되는 성분을 말한다.

2. 다음 중 '자양분'과 비슷한 어휘는?

① 영화　　② 영어　　③ 영국　　④ 영양분

괜찮냥의 하루

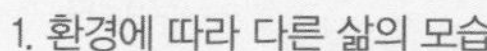

사람이 생활하는 데 기본이 되는 옷과 음식과 집을 통틀어 이르는 말

교과서 속 어휘 찾기

- 의식주는 옷, 음식, 집을 한꺼번에 가리키는 말이다.
- 이처럼 사람들이 생활하는 데 필요한 옷과 음식과 집을 의식주라고 한다.

의식주는 의생활, 식생활, 주생활을 포함한 말?

베트남 사람들의 의식주 모습이 어떤지 알아?

베트남의 의생활과 식생활, 주생활 모습을 말하는 거냥?

응. 베트남 사람들은 더위를 피하려고 바람이 잘 통하는 옷을 입고, 챙이 넓은 모자를 써서 햇볕을 피한다고 해.

식생활과 주생활에 대해서는 나도 알아. 베트남에서는 벼농사가 활발해서 쌀국수를 많이 먹는대. 그리고 더위를 피하기 위해 수상 가옥을 짓고 살기도 한대.

우리도 베트남 식생활을 체험하러 쌀국수 먹으러 가는 건 어떠냥?

1. 사람이 생활하는 데 기본이 되는 옷과 음식과 집을 통틀어 (　　　)라고 한다.

2. 다음 중 '의생활'에 대한 내용이 아닌 것은?

① 셔츠　　② 모자　　③ 양복　　④ 한옥

모르냥의 하루

인문 환경

지표 위에서 인간 활동의 결과로 만들어진 환경

어휘 교실

人	文	環	境
사람 **인**	글월 **문**	고리 **환**	지경 **경**

교과서 속 어휘찾기

- 우리 고장의 환경은 자연환경과 **인문 환경**으로 나눌 수 있다.
- 논, 밭, 과수원, 다리, 도로, 학교, 공장, 항구 등 사람들이 만들어 낸 환경을 **인문 환경**이라고 한다.

인문 환경의 반대는 자연환경?

 난 놀이공원, 공원, 전시관, 영화관 같은 자연환경이 발달한 우리 고장이 좋아.

자연환경이 아니고 인문 환경이겠지. 자연환경은 사람이 만들지 않은 자연 그대로의 환경을 말하고, 인문 환경은 사람들이 자연환경을 이용해서 만든 환경을 말해. 예를 들면 들은 자연환경이고 들을 이용해서 만든 논과 밭, 과수원은 인문 환경이야.

아! 1학기에 배운 내용이 이제 생각났다. 인문 환경과 자연환경은 반대 개념이구나.

1. 인문 환경이란 지표 위에서 인간 활동의 결과로 만들어진 환경을 말한다. (O, X)

2. 다음 중 '인문 환경'이 아닌 것은?

① 도로 ② 공원 ③ 아파트 ④ 산

괜찮냥의 하루

13 일기 예보

일기의 변화를 예측하여 미리 알리는 일

어휘 교실

日	氣	豫	報
해 **일**	기운 **기**	미리 **예**	갚을/알릴 **보**

교과서 속 어휘찾기

- 날씨가 다른 여름과 겨울의 **일기 예보**를 비교해 보았다.
- **일기 예보**는 앞으로의 날씨를 예측하여 알려주는 것으로, 우리 생활과 산업에 많은 영향을 미친다.

일기 예보에서 알 수 있는 것들

내일 체험 학습을 가는데, 가기 전에 일기 예보를 확인해야겠어. 일기 예보에서는 날씨, 기온, 강수량, 바람, 습도 등을 알려주거든.

그런데 내일의 날씨를 어떻게 예측하냥?

기상청에서는 기상 레이더, 슈퍼컴퓨터, 기상 위성 등 첨단 과학 기기들을 활용해서 일기를 예측해. 하지만 어디까지나 예측이기 때문에 일기 예보가 맞지 않을 수도 있다는 것을 잊지 마.

난 변덕스러운 너의 마음 변화를 예측했으면 좋겠다. 하하하!

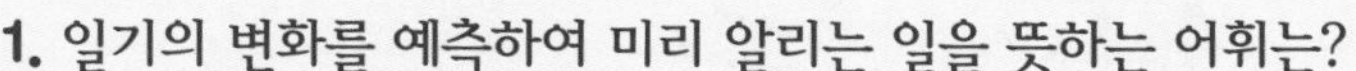

1. 일기의 변화를 예측하여 미리 알리는 일을 뜻하는 어휘는?

① 편지 ② 일기 예보 ③ 문자 ④ 전화

2. 다음 중 '일기 예보'에서 알 수 <u>없는</u> 것은?

① 마음 변화 ② 강수량 ③ 기온 ④ 날씨

예뽀냥의 하루

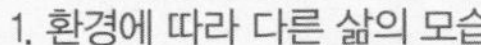

사람이 살 수 있도록 지은 집

교과서 속 어휘 찾기

- 도시가 발달한 고장에서는 아파트, 다세대 주택 등에 많은 사람이 모여 산다.
- 오늘날에는 아파트나 연립 주택, 단독 주택 등에서 생활하는 사람들이 많다.

주택은 알겠는데 가옥은 낯설어.

난 나중에 정원이 있는 단독 주택에서 살고 싶어.

마당이 넓은 가옥을 좋아하는구나?

가옥이란 말은 처음 듣는데?

주택과 집의 비슷한 말로 가옥이 있어. 하지만 주택이 가장 넓은 의미로 사용되지. 나중에 너희 집에 첨단 시스템도 갖추면 어떠냥?

첨단 시스템이 갖춰진 마당이 넓은 가옥! 상상만 해도 신나는걸?

1. (사람, 동물)이 살 수 있도록 지은 집을 주택이라고 한다.

2. 다음 중 '가옥'과 비슷한 어휘는?

① 주소　　② 주민　　③ 주사　　④ 주택

알갓냥의 하루

15 초가집

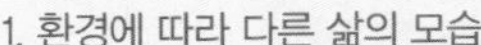

짚이나 갈대 따위로 지붕을 인 집

교과서 속 어휘찾기

- **초가집**은 우리나라의 옛집으로, 흙으로 벽을 세우고 볏짚이나 갈대를 엮어서 지붕을 얹은 집이다.
- 벼농사를 많이 짓는 고장에서는 볏짚 등으로 지붕을 이은 **초가집**을 지었다.

초가집과 움집은 다른 거야?

옛날 사람들은 움집에 살았다는데, 그것도 초가집과 같은 거냥?

아니, 달라. 움집은 땅을 판 다음에 나뭇가지와 풀을 덮어 만든 집이야. 초가집은 땅 위에 지어서 볏짚이나 갈대로 지붕을 얹은 집이고.

초가집과 움집의 차이점이 또 있냥?

움집은 안에서 쓰임새를 나누지 않고 여러 가지 일을 하며 지냈어. 반면에 초가집은 방, 부엌, 화장실, 헛간, 마당 등을 쓰임새에 맞게 나누어 사용했어.

다음에 민속촌에 가서 실제로 초가집과 움집을 보고 오자.

1. 짚이나 갈대 따위로 지붕을 인 집을 (　　　　)이라고 한다.

2. 다음 중 땅을 판 다음에 나뭇가지와 풀을 덮어 만든 집은?

① 움집　　② 기와집　　③ 초가집　　④ 아파트

머라냥의 하루

16 하천

육지 표면에서 일정한 물길을 따라 흐르는 큰 물줄기. 강과 시내를 아울러 이르는 말

河 물/강 **하**

川 내 **천**

교과서 속 어휘 찾기

- 각 고장에는 산, 들, **하천**, 바다 등 다양한 땅의 생김새가 있고, 땅의 생김새에 따라 생활 모습이 다르다.
- 땅의 생김새에는 높이 솟은 산, 넓고 평평한 들, 굽이굽이 흐르는 **하천**, **하천**의 물이 모이는 바다 등이 있다.

하천과 저수지는 다른가?

역시 하천이 있는 곳은 풍경이 아름다워.

여긴 하천이 아니라 저수지야.

저수지는 뭐냥?

저수지는 하천이나 골짜기를 막아 만든 인공 연못이야. 우리가 사용하는 수돗물, 농사에 필요한 물, 수력 발전, 홍수 조절 등을 위해 물을 모아 두는 곳이지.

하천은 물이 흐르는 곳이고 저수지는 물을 모아 두는 곳이구나.

1. 육지 표면에서 일정한 물길을 따라 흐르는 큰 물줄기를 하천이라고 한다. (O, X)

2. 다음 중 '하천'이 아닌 곳은?

① 한강 ② 탄천 ③ 양재천 ④ 한라산

모르냥의 하루

발달하다

너희들 스마트폰으로 가족이나 친구랑 영상 통화를 해 본 적 있지? 영상 통화가 가능한 것은 과학 기술의 수준이 높아졌기 때문이야. 이렇게 '발달하다'는 '규모나 수준이 점차로 커지거나 나아지는 것'을 의미해.

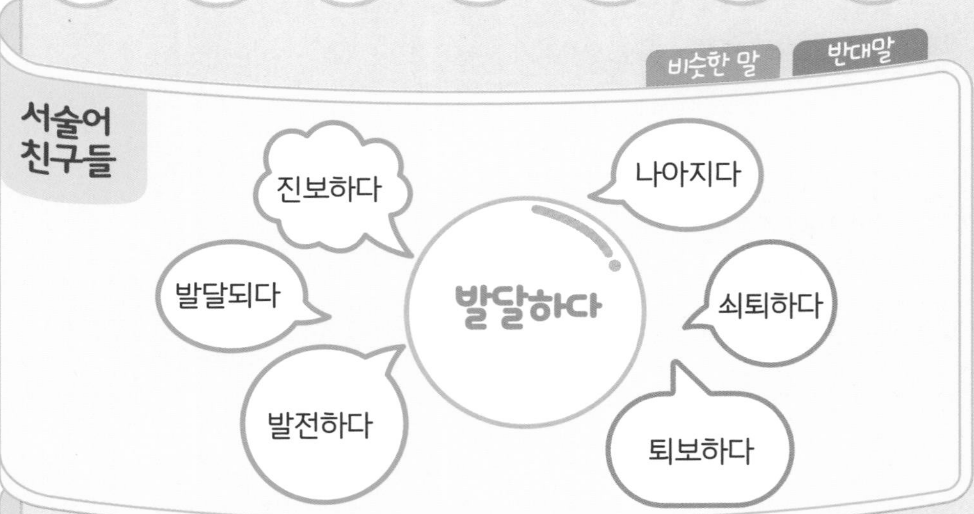

개념어랑 서술어랑

일기 예보 + 발달하다

요즘 일기 예보가 점점 정확해지고 있어. 그 이유는 과학 기술이 발달해서야. 인공위성과 같은 첨단 기술을 이용하기 때문에 일기 예보의 수준도 점점 높아지고 있어.

섭취하다

밥 먹을 때 엄마께서 음식을 골고루 먹어야 한다는 말씀을 많이 하시지? 그것은 음식을 통해 영양분을 섭취할 수 있기 때문이야. 그러면 건강도 좋아지니까. 이렇게 '음식 등의 좋은 요소를 받아들이는 것'을 '섭취하다'라고 해.

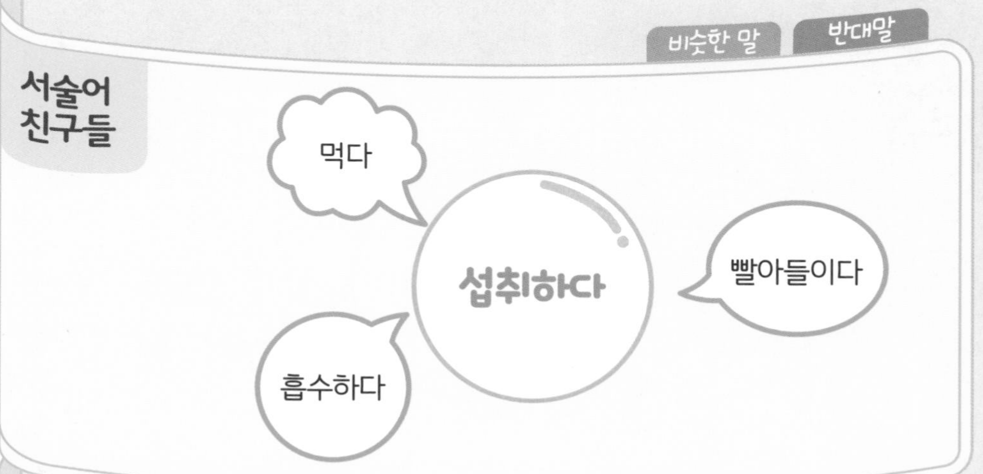

개념어랑 서술어랑

의식주, 영양분 + 섭취하다

사람이 살아가는 데, 기본적으로 필요한 옷, 음식, 집을 통틀어 의식주라고 해. 그중에서 '식'은 음식을 말하는데, 우리는 음식을 먹음으로써 영양분을 섭취하고 생활에 필요한 에너지를 얻지.

수리하다

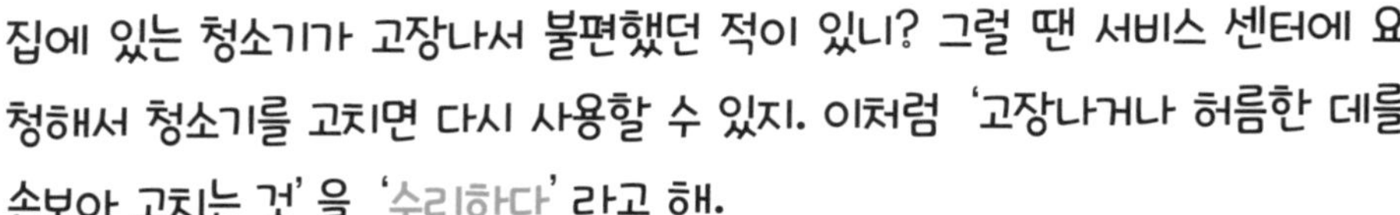

집에 있는 청소기가 고장나서 불편했던 적이 있니? 그럴 땐 서비스 센터에 요청해서 청소기를 고치면 다시 사용할 수 있지. 이처럼 '고장나거나 허름한 데를 손보아 고치는 것'을 '수리하다'라고 해.

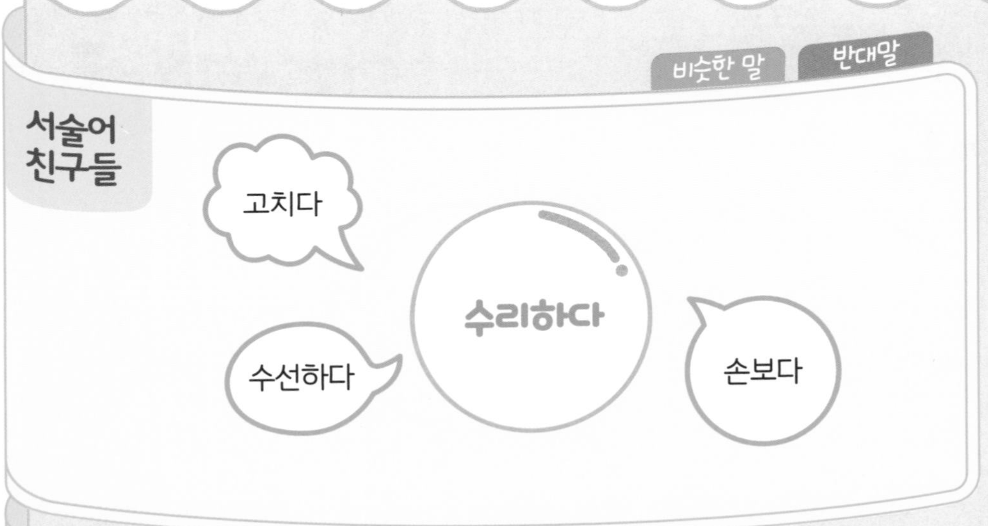

개념어랑 서술어랑

주택 + 수리하다

이번 방학에 우리 가족이 살고 있는 단독 주택을 수리했어. 주택 곳곳의 낡고 고장 난 부분을 다시 꾸미고 수리했더니 몰라보게 새 집 같아졌어. 예쁜 내 방 구경하러 놀러 올래?

유명하다

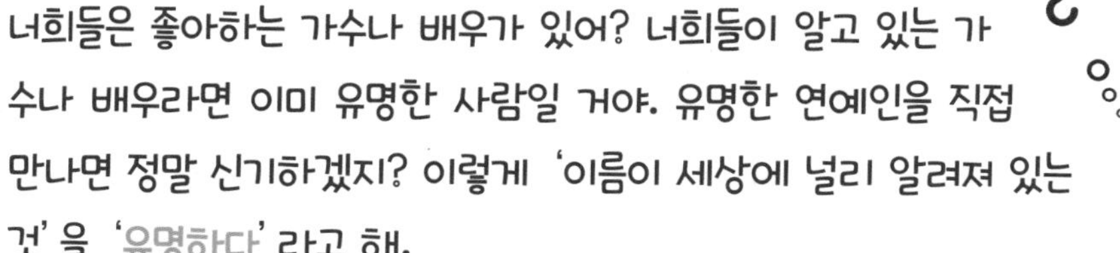

너희들은 좋아하는 가수나 배우가 있어? 너희들이 알고 있는 가수나 배우라면 이미 유명한 사람일 거야. 유명한 연예인을 직접 만나면 정말 신기하겠지? 이렇게 '이름이 세상에 널리 알려져 있는 것'을 '유명하다'라고 해.

서술어 친구들

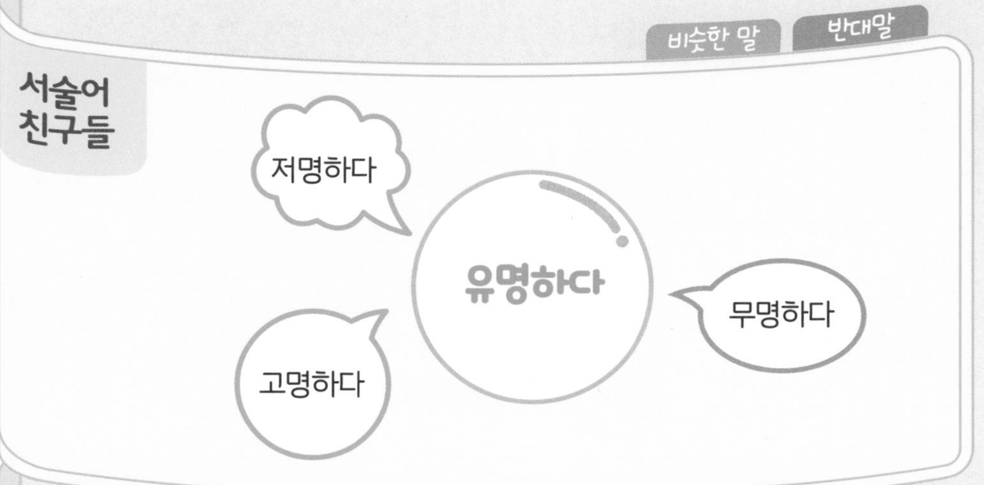

개념어랑 서술어랑

산비탈, 숙박 + 유명하다

산이 많은 고장에서는 산비탈에 밭을 만들어 배추를 재배하고, 산속에서 나물이나 약초를 캐기도 해. 그래서 산촌에는 고랭지 배추와 곤드레나물밥이 유명해. 추운 겨울에는 산비탈을 이용해 만든 스키장도 유명하지. 주변에는 좋은 숙박 시설도 많이 있어.

냥냥이의 서술어 충전소

이용하다

학교나 공공시설에서 "이용한 물건은 제자리에 놓아 주세요."라는 글을 본 적 있지? 공공시설에서 함께 이용하는 물건들은 사용 후 제자리에 두어야 다음 사람이 사용할 때 바로 찾을 수 있기 때문이야. 여기서 '이용하다'는 '대상을 필요에 따라 이롭게 쓴다'는 의미야.

서술어 친구들

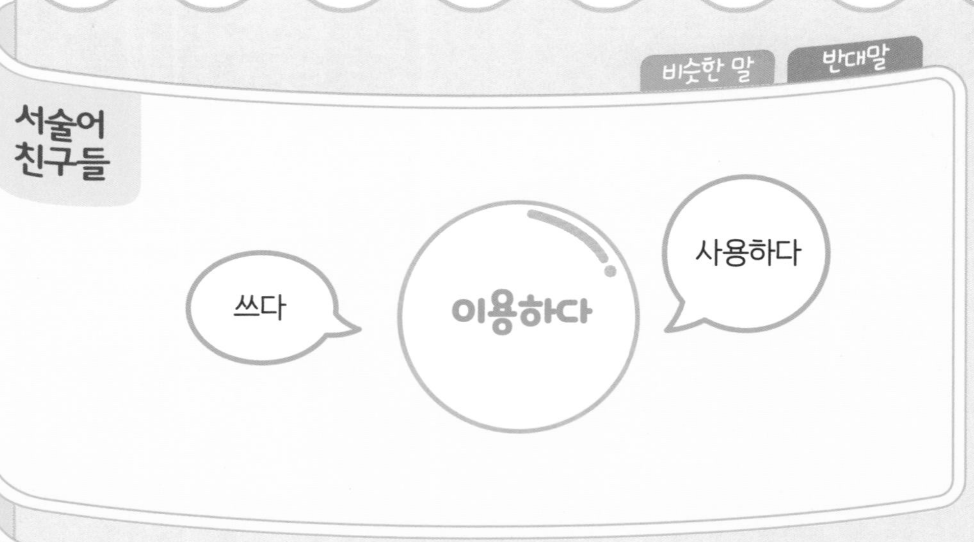

개념어랑 서술어랑

양식장, 갯벌 + 이용하다

바다가 있는 고장에서는 바다를 이용하여 양식장을 만든 다음 김, 미역, 물고기를 길러. 또 갯벌을 이용해서 조개를 캐기도 하고 갯벌 생태 체험을 운영하기도 해. 갯벌 생태 체험을 간다면 정말 신나겠지?

제공하다

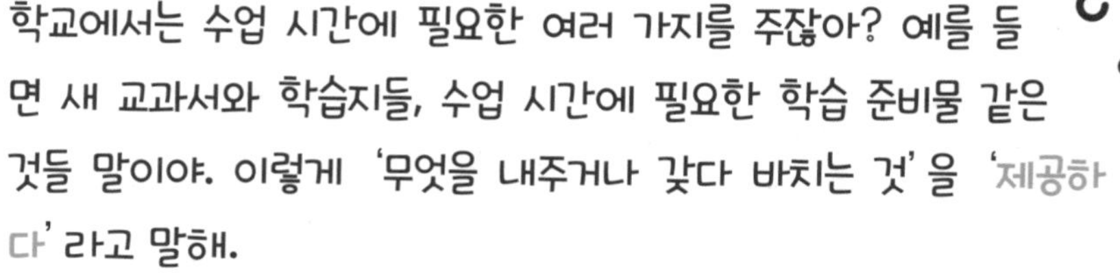

학교에서는 수업 시간에 필요한 여러 가지를 주잖아? 예를 들면 새 교과서와 학습지들, 수업 시간에 필요한 학습 준비물 같은 것들 말이야. 이렇게 '무엇을 내주거나 갖다 바치는 것'을 '제공하다'라고 말해.

비슷한 말 | 반대말

서술어 친구들

제공하다

- 공급하다
- 내놓다
- 내주다

개념어랑 서술어랑

하천, 공장 + 제공하다

하천은 일반 가정에 필요한 물을 제공하고, 농촌이나 공장에도 물을 제공해. 또 하천 주변에 공원을 만들어서 사람들에게 휴식 공간을 제공하기도 해. 하천 공원으로 놀러 가 볼까?

2. 시대마다 다른 삶의 모습

무엇을 배우나요?

1단원은 '(1) 옛날과 오늘날의 생활 모습'과 '(2) 옛날과 오늘날의 세시 풍속'이라는 두 개의 소단원으로 되어 있어요. 먼저 옛날 사람들의 생활 도구와 집의 형태를 알아보고 오늘날의 생활 모습과 비교하여 변화된 모습을 파악해 볼 거예요. 그리고 옛날의 세시 풍속을 알아보고 오늘날의 세시 풍속과 비교하여 공통점과 차이점을 찾고 변화된 모습을 알아볼 거예요.

개념어

기와집 기원 농기계 단오 덕담 도구
맷돌 방직기 복조리 세시 풍속 오곡밥
온돌 음력 장신구 청동 토기
중양절 차례 트랙터 한식

서술어

갈다 머무르다 드리다 마련하다

기와로 지붕을 이어 올린 집

기와+집을 합한 순우리말이다.
기와란 지붕을 덮는 데 쓰는 건축 재료의 하나로,
흙을 굽거나 시멘트 따위를 굳혀서 만들며 모양이 다양하다.

교과서 속 어휘찾기

- 우리 가족은 흙을 구워서 만든 기와를 지붕에 인 **기와집**에 산다.
- **기와집**은 안채와 사랑채 등으로 이루어지는데, 예전에 안채에서는 주로 여자들이 생활했고 사랑채에서는 남자들이 글공부를 하거나 손님을 맞이하며 지냈다.

기와집에는 여러 공간이 있다고?

기와집은 어떤 공간으로 나누어져 있냥?

옛날엔 양반들이 주로 기와집에 살았는데, 남자가 생활하는 사랑채와 여자가 생활하는 안채가 구분되어 있었어. 남자는 기와집의 바깥쪽 사랑채에서 생활했고, 여자가 안쪽 안채에서 생활했다고 해.

대문, 부엌, 화장실, 창고도 있었냥?

물론이지. 그런데 화장실은 요즘과 달리 본채와 떨어져 있었어.

밤에 화장실 가는 거 무서웠겠다!

1. (기와, 짚)(으)로 지붕을 이어 올린 집을 기와집이라고 한다.

2. 다음 중 '기와집'에 <u>없는</u> 것은?

① 사랑채　　② 안채　　③ 베란다　　④ 화장실

괜찮냥의 하루

18 기원

원하는 일이 이루어지기를 빎.

어휘 교실

교과서 속 어휘 찾기

- 음력 정월 보름날에는 마을 사람들이 함께 모여 풍년을 **기원**하고 한 해의 운세를 점치며 윷놀이를 하였다.
- 옛날 사람들은 정월 대보름이 되면 보름달을 바라보면서 소원을 빌고, 풍년이 되기를 **기원**했다.

기원과 발원은 같은 거야?

저기 마을 입구에 돌탑이 보이지? 마을 사람들이 돌탑을 쌓아올리며 마을의 안녕을 발원했대.

발원? 서로 비슷한 뜻이지만 발원보다는 기원이 어울릴 것 같아. 발원은 신이나 부처에게 소원을 빈다는 뜻으로, 원하는 일이 이루어지기를 비는 기원이 더 넓은 의미로 쓰이거든.

우리도 돌탑을 쌓으며 기원해 볼까?

난 게임을 실컷 할 수 있게 해달라고 기원해야지!

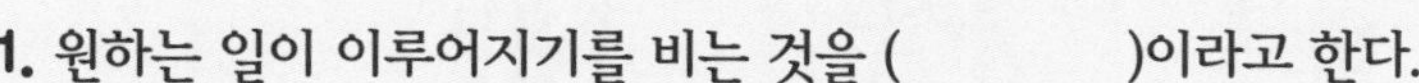

1. 원하는 일이 이루어지기를 비는 것을 (　　　　　)이라고 한다.

2. 다음 중 '발원'과 비슷한 어휘는?

① 병원　　② 기원　　③ 기자　　④ 기차

예뽀냥의 하루

19 농기계

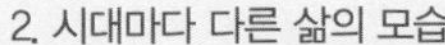

농사짓는 데 쓰는 기계. 경운기, 탈곡기, 농약 살포기 등이 있음.

교과서 속 어휘 찾기

- 예전에는 소 등의 가축을 이용하거나 사람이 직접 손으로 농사를 지었지만 오늘날에는 필요에 따라 다양한 **농기계**를 사용하고 있다.
- 오늘날에는 다양한 **농기계**를 사용하여 편리하게 농사를 지을 수 있다.

농업 기계에서 업을 빼면 농기계?

농업 기계? 이거 농기계라고 써야 하는 걸 잘못 쓴 거냥?

아니야. 농업 기계를 줄여서 농기계라고 하는 거야. 물론 뜻도 같고.

아! '업'이란 글자를 넣다 뺐다 해도 뜻은 같구나.

곡식의 수확과 탈곡을 함께 할 수 있는 콤바인과 땅을 갈거나 무거운 짐을 옮길 때 사용하는 트랙터 등이 모두 농기계야.

1. 농사짓는 데 쓰는 기계는?

① 농기계 ② 농업인 ③ 농작물 ④ 농번기

2. 다음 중 '농기계'가 아닌 것은?

① 경운기 ② 탈곡기 ③ 게임기 ④ 콤바인

알갓냥의 하루

20 단오

우리나라 명절의 하나. 음력 5월 5일로, 단오떡을 해 먹으며 여자는 창포물에 머리를 감고 그네를 뛰며 남자는 씨름을 함.

교과서 속 어휘찾기

- 음력 5월 5일은 **단오**로 더위가 시작되는 시기이다.
- **단오**에는 나쁜 기운과 병을 쫓고 건강을 기원하는 여러 가지 풍속과 행사가 있다.

단오와 창포는 무슨 관계?

단오에는 여자들이 '창포'를 삶은 물에 머리를 감는 풍습이 있었대.

'창포'는 처음 듣는데, 뭐냥?

창포는 향기가 있고 연못이나 수로, 습지에서 자라는 여러해살이풀이야. 창포의 잎과 뿌리를 우려내어 창포물을 만든 다음 머리를 감으면 숱이 늘어나고 머리카락이 비단결처럼 고와진다고 여겼대.

당장 창포 구하러 가자!

1. 단오란 우리나라 명절의 하나로 음력 10월 5일을 말한다. (O, X)

2. 다음 중 '단오'에 하는 일이 아닌 것은?

① 그네뛰기　　② 창포물에 머리 감기

③ 씨름　　④ 세배 하기

어쩌냥의 하루

상대방이 잘되기를 빌어 주는 말. 주로 새해에 많이 나누는 말임.

교과서 속 어휘찾기

- 새해에는 서로 건강이나 복을 비는 **덕담**을 주고받는다.
- 설에 설빔을 차려입고 어른들께 세배를 드리면 어른들이 **덕담**을 해 주신다.

덕담과 축언은 비슷해.

지난 주말에 이모 결혼식에 갔었는데, 어른들께서 신랑, 신부에게 덕담을 하셨어.

신랑, 신부에게 축언을 해주셨구나. 축언은 축하하거나 축복하는 말을 뜻해. 덕담과 비슷하지.

나도 너한테 축언 한 마디 할게. 멋진 냥냥이가 되길 바래. 널 축복해!

하하. 갑자기 축언이라니! 엉뚱한 머라냥!

1. 상대방이 잘되기를 빌어 주는 말을 (덕담, 험담)이라고 한다.

2. 다음 중 '덕담'으로 적당하지 않은 것은?

① 늘 건강하세요.　　② 새해 복 많이 받으세요.

③ 소원하는 일을 모두 이루세요.　　④ 그만 놀러 다니고 공부해!

괜찮냥의 하루

22 도구

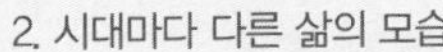

어떤 일을 할 때 쓰는 연장을 통틀어 이르는 말

교과서 속 어휘찾기

- 사람들이 생활하는 데 필요한 여러 가지 물건을 생활 **도구**라고 한다.
- 철로 만든 농사 **도구**를 사용하면서 농사짓는 것이 더 편리해지자 수확량이 크게 늘었고 마을의 살림도 넉넉해졌다.

생활 도구와 농사 도구는 달라?

옛날에는 돌이나 나무로 농사 도구를 만들어 사용했었대.

농사 도구뿐만 아니라 생활 도구도 만들어 사용했지.

생활 도구가 뭐냐?

생활 도구란 사람이 생활하는 데 필요한 여러 가지 물건을 말해. 농사 도구, 음식을 만드는 도구, 옷을 만드는 도구 등이 모두 생활 도구지.

그럼, 내 예쁜 필통도 생활 도구구나.

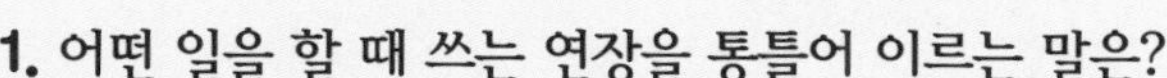

1. 어떤 일을 할 때 쓰는 연장을 통틀어 이르는 말은?

① 도구 ② 도시 ③ 도로 ④ 도레미파솔

2. 다음 중 '생활 도구'가 아닌 것은?

① 밥솥 ② 호미 ③ 비행기 ④ 접시

예뻐냥의 하루

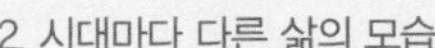

곡식을 가는 데 쓰는 도구

어휘 교실

매+돌을 합한 순우리말이다.
맷돌을 사용할 때에는 둥글넓적한 돌 두 짝을 포개고 윗돌 구멍에 곡식을 넣은 다음, 손잡이를 돌려서 간다.

교과서 속 어휘 찾기

- **맷돌**은 곡식을 가루로 만들거나 물에 불린 콩을 가는 데 쓰는 농기구이다.
- 철로 만든 칼과 가마솥, **맷돌**, 옹기 등의 도구를 이용하게 되면서 음식을 만들기가 더욱 편리해졌다.

맷돌과 매는 같은 거야?

후루룩! 매로 콩을 갈아서 만든 국수라 정말 맛있다.

매? 맷돌이 맞는 말 아니냥?

매와 맷돌은 같은 말이야. 곡식을 가는 데 쓰는 도구란 뜻의 매와 돌이 합쳐져서 맷돌이란 말이 만들어진 거야. 맷돌 순두부도 맛있대.

맷돌로 만든 건 다 맛있나봐. 먹어보고 싶다.

1. 곡식을 가는 데 쓰는 도구를 (　　　)이라고 한다.

2. 다음 중 '매'와 같은 뜻을 가진 어휘는?

① 맷돌　　② 차돌　　③ 조약돌　　④ 바윗돌

모르냥의 하루

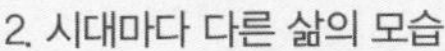

실을 뽑아서 천을 짜 내는 기계를 통틀어 이르는 말

교과서 속 어휘 찾기

- 옷을 만들기 위해 필요한 옷감은 **방직기**로 만든다.
- **방직기**를 이용해 옷감을 만들고 재봉틀로 바느질을 해서 옷을 만든다.

방직기 대신 베틀을 사용했다고?

 방직기는 옷감을 만드는 공장의 중요한 설비야.

 그럼 옛날에도 방직기가 있었을까?

옛날에는 방직기 대신 베틀이 있었어. 사람이 직접 조작해서 날실과 씨실을 엮어 옷감을 짜는 베틀을 사용했어.

옷감을 완성하려면 오래 걸렸겠는걸!

1. (실, 줄)을 뽑아서 천을 짜 내는 기계를 통틀어 방직기라고 한다.

2. 다음 중 '베틀'이 발전되어 만들어진 기계는?

① 방청소　　② 방구　　③ 방송　　④ 방직기

머라냥의 하루

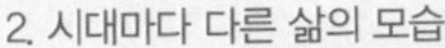

25 복조리

음력 정월 초하룻날 새벽에 부엌이나 안방, 마루 따위의 벽에 걸어 놓은 조리. 그 해의 복을 조리로 일어 얻는다는 뜻에서 걸어 놓는다고 함.

교과서 속 어휘 찾기

- 새해에 복이 들어오길 바라는 마음을 담아 **복조리**를 마루 귀퉁이나 방 한쪽에 걸어 두었다.
- 벽에 **복조리**를 걸어 놓고 복이 많이 들어오기를 기원했다.

조리와 복조리

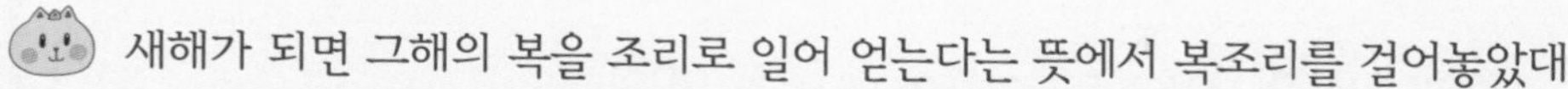

새해가 되면 그해의 복을 조리로 일어 얻는다는 뜻에서 복조리를 걸어놓았대.

복조리도 처음 듣지만, 조리는 또 뭐냥?

옛날에 쌀을 씻을 때 쌀 속에 섞여 있는 모래나 돌을 골라내기 위해 사용하던 도구를 '조리'라고 해. 설 전날 밤에는 조리 장수가 복조리를 사라고 외치며 돌아다니면 가정에서는 일 년 동안 쓸 조리를 샀다고 해.

복조리를 많이 사야겠다. 복 많이 들어오라고!

1. 음력 정월 초하룻날 새벽에 부엌이나 안방, 마루 따위의 벽에 걸어 놓은 조리를 (　　　　)라고 한다.

2. 다음 중 '쌀을 이는 도구'를 뜻하는 말은?

① 고리　　② 조리　　③ 요리　　④ 오소리

어쩌냥의 하루

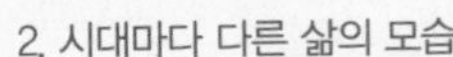

해마다 일정한 시기에 되풀이하여 행해 온 고유의 풍속

歲	時	風	俗
해 **세**	때 **시**	바람 **풍**	풍속 **속**

교과서 속 어휘 찾기

- 해마다 같은 시기에 반복적으로 되풀이되는 일과 놀이, 음식 등의 다양한 생활 모습을 **세시 풍속**이라고 한다.
- **세시 풍속**에는 조상들의 생각과 생활 모습이 담겨 있다.

세시와 세시 풍속은 달라?

세시 풍속에서 세시의 뜻을 좀 더 알고 싶어.

세시는 세시 풍속에서처럼 한 해의 절기나 달, 계절에 따른 때를 나타내. 또한 새해의 처음을 뜻하기도 해.

아하! 매년 설날이 되면 세배를 드리고 떡국을 먹는 것도 세시 풍속이라는 거지? 그럼 내가 너에게 세배하면 세뱃돈 주는 거냥?

세배는 웃어른께 하는 거라고!

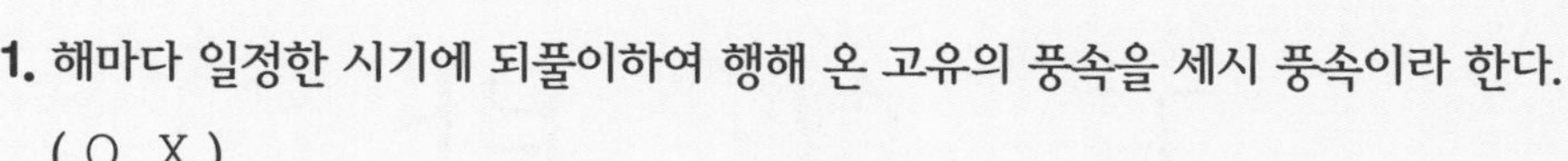

1. 해마다 일정한 시기에 되풀이하여 행해 온 고유의 풍속을 세시 풍속이라 한다.
(O, X)

2. 다음 중 '명절'과 '세시 풍속'이 바르게 짝지어진 것은?

① 설날 - 세배하고 떡국 먹기 ② 추석 - 만화 스티커 모으기
③ 정월 대보름 - 컴퓨터 게임하기 ④ 단오 - 아이스크림 먹기

알갓냥의 하루

27 오곡밥

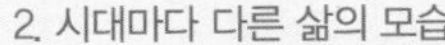

찹쌀에 기장, 찰수수, 검정콩, 붉은팥의 다섯 가지 곡식을 섞어 지은 밥. 대개 음력 정월 보름날에 지어 먹음.

교과서 속 어휘 찾기

- 정월 대보름에는 그 해의 풍년을 기원하며 **오곡밥**을 지어 먹었다.
- 정월 대보름에는 풍년을 바라며 **오곡밥**과 나물을 먹고 잣이나 밤, 호두 등의 부럼을 깨물었다.

정월 대보름 부럼 깨기!

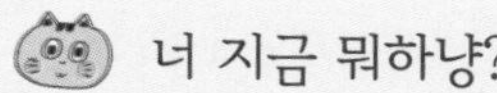

너 지금 뭐하냥?

부럼을 깨무는 중이야. 부럼 깨기는 날밤, 호두, 은행, 잣 등 견과류를 어금니로 깨무는 정월 대보름 풍속이야. 한 해 동안의 각종 부스럼을 예방하고 이를 튼튼하게 하려는 뜻이 있대.

하지만 조심해야겠다. 견과류는 너무 딱딱하잖냥.

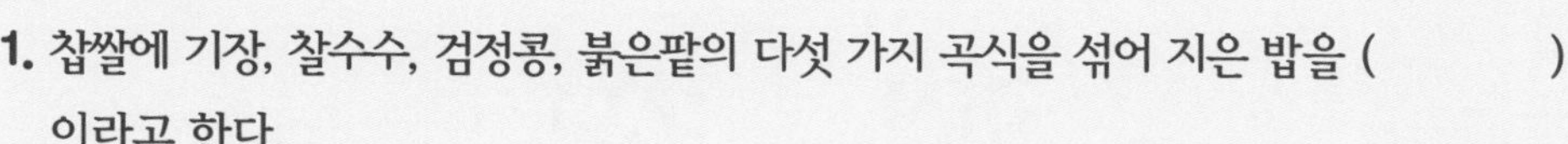

1. 찹쌀에 기장, 찰수수, 검정콩, 붉은팥의 다섯 가지 곡식을 섞어 지은 밥을 (   ) 이라고 한다.

2. 다음 중 '정월 대보름'에 꼭 먹는 음식은?

① 아이스크림　　② 파스타　　③ 오곡밥　　④ 떡볶이

어쩌냥의 하루

28 온돌

아궁이에서 불을 때면 불기운이 방바닥 밑으로 난 방고래를 통해 퍼지도록 하여 방바닥 전체를 덥게 하는 난방 장치

溫	突
따뜻할 온	갑자기 돌

교과서 속 어휘 찾기

- 온돌은 철기 시대부터 사용해 온 우리나라의 대표적인 난방 시설이다.
- 온돌은 오늘날의 보일러에도 그 원리가 이용되고 있다.

온돌, 구들장, 방고래가 뭐지?

온돌은 아궁이에 불을 피우면 뜨거운 연기가 방바닥 아래를 지나며 구들장을 데우도록 만든 장치야.

온돌은 들어봤는데, 구들장은 처음 듣는데? 그게 뭐냥?

구들장은 방고래 위에 깔아서 방바닥을 만드는 얇고 넓은 돌을 말해. 방고래는 구들장 밑으로 나 있는 불길과 연기가 나가는 길을 말하고.

온돌을 만든 조상들이 참 지혜로운 것 같아.

1. 아궁이에서 불을 때면 불기운이 방바닥 밑으로 난 방고래를 통해 퍼지도록 하여 방바닥 전체를 데우는 난방 장치를 (온돌, 온실)이라고 한다.

2. 다음 중 우리나라의 난방 장치와 관련이 <u>없는</u> 것은?

① 온돌　② 돌고래　③ 구들장　④ 방고래

알갓냥의 하루

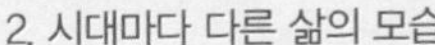

달이 지구를 한 바퀴 도는 시간을 기준으로 만든 달력

교과서 속 어휘 찾기

• 음력은 달의 움직임에 따라서 날짜를 매긴 것으로, 예전에는 주로 음력을 사용했다.

• 설은 한 해가 시작되는 음력 1월 1일을 가리킨다.

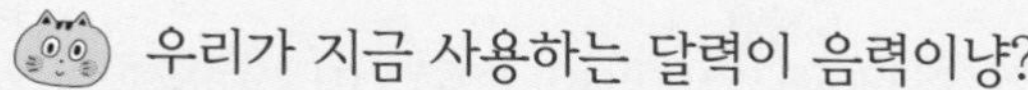

음력의 반대는 양력?

우리가 지금 사용하는 달력이 음력이냥?

아니, 지구가 태양을 한 바퀴 도는 시간을 일 년으로 하는 달력이니까 양력이지. 양력은 1896년부터 공식적으로 사용했대. 음력은 달을 기준으로 만든 달력으로 우리 조상들이 사용해왔어. 설, 추석과 같은 명절의 날짜를 정할 때 사용하고, 음력 생일을 쓰는 사람도 있어.

내 생일은 양력 8월 23일이야.

네 생일에는 관심 없는데…….

1. 지구가 태양을 한 바퀴 도는 시간을 기준으로 만든 달력은?

① 음력 ② 양옥 ③ 양력 ④ 음식

2. 설이나 추석, 각종 절기의 날짜를 정할 때 사용하는 달력은 (양력, 음력)이다.

머라냥의 하루

몸치장을 하는 데 쓰는 여러 가지 물건. 반지, 귀걸이, 팔찌, 브로치 따위를 말함.

裝	身	具
꾸밀 장	몸 신	갖출 구

교과서 속 어휘찾기

- 청동은 재료를 구하기 어려워서 주로 **장신구**나 무기, 제사 도구 등을 만들 때에만 사용했다.
- 제사장이 제사를 지낼 때 사용하는 거울이나 검, **장신구**와 전쟁을 할 때 사용하는 무기 등을 청동으로 만들었다.

장신구와 패물은 비슷한가?

뭐하고 있었어? 그 화려한 패물은 뭐냥?

응. 어서 와. 엄마의 브로치와 목걸이를 해 보고 있었어. 근데 패물이 뭐야? 장신구랑 다른 거냥?

장신구 중에서 귀금속 등으로 만든 것을 패물이라고 해. 비싸고 값나가는 것들이지. 부모님의 결혼 예물 같은 것들 말야. 근데 엄마 패물보다는 너에게 어울리는 장신구를 하는 게 어때?

하지만 엄마 패물이 훨씬 좋아 보이는걸 어쩌냥.

1. 장신구는 머리치장을 하는 데 쓰는 물건만을 말한다. (O, X)

2. 다음 중 '패물'과 비슷한 어휘는?

① 장소 ② 장신구 ③ 장구 ④ 장사꾼

예뽀냥의 하루

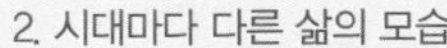

31 중양절

세시 명절의 하나로 음력 9월 9일을 이르는 말. 단풍과 국화를 구경하러 나들이를 가거나 국화로 국화전을 만들어 먹음.

교과서 속 어휘 찾기

• 음력 9월 9일인 **중양절**은 한해의 수확을 마무리하는 시기이다.

• **중양절**에는 국화잎으로 만든 국화전을 먹고 단풍이 물든 산으로 나들이를 간다.

중양절과 삼짇날은 화전 먹는 날

중양절처럼 화전을 부쳐 먹는 명절이 또 있을까?

응, 삼짇날이 있어.

언제인데?

음력 3월 3일이야. 봄 꽃잎을 따서 전을 부쳐 먹으면서 춤추고 노는 화전놀이를 하고, 제비가 돌아오는 날이라 해서 제비집을 손질했었대.

당장 가자. 국화전 먹으러!

1. 음력 9월 9일을 이르는 세시 명절의 이름은?

① 중국 ② 중양절 ③ 중국어 ④ 중국 음식

2. 다음 중 '중양절'과 관련 없는 것은?

① 국화 ② 단풍 ③ 국화전 ④ 컵떡볶이

알갓냥의 하루

음력 매달 초하룻날과 보름날, 명절날, 조상 생일 등의 낮에 지내는 제사

茶 禮

차 차 | 예도 례(예)

교과서 속 어휘찾기

- 추석에는 조상의 은혜와 풍년에 감사하며 추수한 곡식과 과일로 정성스럽게 음식을 만들어 **차례**를 지낸다.
- 설에는 아침에 **차례**를 지낸 후 복을 기원하는 새해 인사로 어른들께 세배를 드린다.

차례와 다례는 같은 거야?

지난 설날 아침에 우리 가족은 다례를 지냈어.

다례가 아니라 차례라고 해야지.

다례(茶禮)와 차례는 같은 말이야. 차례는 원래 귀한 차를 조상님께 올렸다는 데서 유래했다고 해. 다례는 차를 대접하는 예절이란 뜻도 있지만 명절날이나 생일날 낮에 지내는 제사의 뜻도 있어.

차례와 다례, 너무 비슷해서 헷갈린다냥!

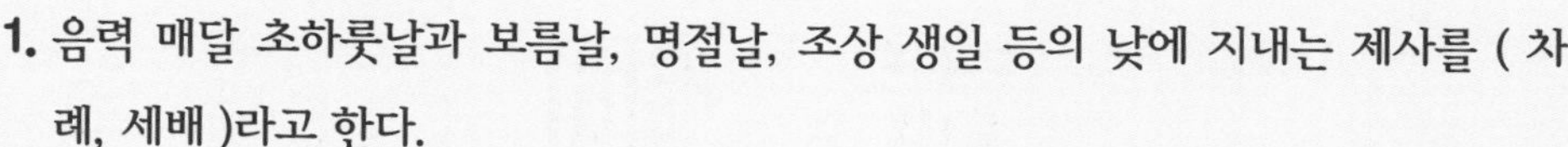

1. 음력 매달 초하룻날과 보름날, 명절날, 조상 생일 등의 낮에 지내는 제사를 (차례, 세배)라고 한다.

2. 다음 중 '다례'와 비슷한 어휘는?

① 차례　② 차창　③ 차도　④ 차돌

괜찮냥의 하루

청동

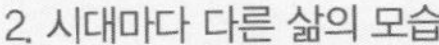

구리와 주석의 합금으로 용도에 따라 알루미늄, 납 따위를 첨가한 구리 합금을 포함하여 이르는 말

교과서 속 어휘 찾기

- 돌을 이용한 도구를 사용하다가 시간이 흘러 불에 녹는 금속을 발견한 사람들은 **청동**으로 도구를 만들어 사용하기 시작했다.
- 주로 돌을 이용하여 생활 도구를 만들었던 옛날 사람들은 이후 **청동** 등의 금속을 이용하여 도구를 만들기 시작했다.

청동과 합금의 뜻을 알려 줄게.

청동은 구리와 주석의 합금이래.

합금이 뭐냥?

합금은 한 가지의 금속에 하나 이상의 다른 금속 또는 비금속을 섞어서 녹여 만든 금속을 말해. 우리가 사용하는 동전도 구리, 은, 니켈 등을 합금한 거야.

동전은 한 가지 금속으로 만드는 줄 알았는데, 합금이라니 신기하다.

1. 청동은 구리와 주석의 합금이다. (O, X)

2. 다음 중 '청동'으로 만든 물건이 <u>아닌</u> 것은?

① 청동 거울　　② 청동검　　③ 청동 방울　　④ 청바지

모르냥의 하루

원시 시대에 쓰던 흙으로 만든 그릇. 무늬 등으로 민족과 시대의 특색을 나타냄.

교과서 속 어휘찾기

- 돌을 갈아 정교한 도구를 만들었고, 흙으로 **토기**를 빚어 음식을 조리하거나 보관하는 데 사용하였다.
- 옛날 사람들은 음식을 보관하거나 만들 때 **토기**를 사용했는데, 이 중에는 밑이 뾰족하게 생긴 것도 있었다.

도자기는 토기보다 넓은 의미?

내가 만든 도자기 컵 어떠냥?

그건 토기 아니냥? 흙으로 만들었지만 유약을 바르지 않은 그릇을 토기라고 하잖아.

도자기는 토기, 도기, 자기, 사기, 질그릇 따위를 통틀어 이르는 말이야. 도자기가 토기보다 더 넓은 의미로 사용되니까 이 컵은 도자기가 맞아.

나도 나만의 멋진 도자기 컵을 만들러 가야겠다.

1. 원시 시대에 쓰던 (흙, 자갈)(으)로 만든 그릇을 토기라고 한다.

2. 다음 중 '도자기'에 포함되는 것은?

① 토기 ② 놀기 ③ 먹기 ④ 잠자기

어쩌냥의 하루

무거운 짐이나 농기계를 끄는 특수 자동차. 쟁기를 달아서 넓은 땅을 빠르게 갈기도 함.

tractor

트랙터는 **끄는 힘**을 이용해서 각종 **작업**을 하는 자동차이다. 본체에 쟁기, 파종기, 트레일러 등을 달아 작업을 한다.

교과서 속 어휘찾기

- 예전에는 가축이나 사람이 짓던 농사를 오늘날에는 **트랙터**, 콤바인 등의 농기계를 이용하여 쉽고 편리하게 한다.
- 밭을 갈 때는 **트랙터**를 이용하고, 곡식을 수확할 때는 수확기를 이용한다.

트랙터에 쟁기를 달았다고?

우리 조상들은 오래전부터 소를 이용해서 쟁기로 논밭을 갈았어.

쟁기? 굉장히 힘들었겠다.

요즘은 쟁기를 트랙터에 달아서 넓은 땅을 쉽고 빠르게 갈 수 있대.

예전에 비하면 정말 편리해졌구냥.

트랙터는 농사의 필수품이라고.

1. 무거운 짐이나 농기계를 끄는 특수 자동차는?

① 트랙터 ② 트림 ③ 트리 ④ 기차

2. 밭을 갈 때는 수확기를 이용하고, 곡식을 수확할 때는 트랙터를 이용한다. (O, X)

어쩌냥의 하루

36 한식

우리나라 명절의 하나로 동지로부터 105일째 되는 날. 찬 음식을 먹었으며 조상의 산소를 찾아 제사를 지내고 벌초를 함.

교과서 속 어휘찾기

• 옛날 사람들은 **한식**에 정성을 다해 성묘를 하고 한 해 농사가 잘되기를 기원했다.

• **한식**은 한 해의 농사를 준비하는 시점으로, 불의 사용을 피하고 찬 음식을 먹었다.

•

한식(寒食)과 한식(韓食)

오늘이 한식날이라고 하던데, 식당에 한식 먹으러 갈까?

두 단어가 글자는 같지만 뜻이 다르다는 건 알고 쓴 거지? 한식(寒食)은 불을 사용하지 않은 찬 음식을 먹고 조상의 산소를 찾는 명절이고, 한식(韓食)은 우리나라 고유의 음식을 말해.

그렇구나. 어쨌든 한식(寒食)에 한식(韓食)을 먹을 수도 있는 거 아니겠냥?

나도 불고기가 먹고 싶어졌어. 그럼 한식당으로 가 볼까?

1. 우리나라 명절의 하나로 동지로부터 105일째 되는 날을 (   )이라고 한다.

2. 다음 중 '한식날' 하는 일이 아닌 것은?

① 찬 음식 먹기　　② 산소에 찾아가기

③ 벌초하기　　④ 삼겹살 구워 먹기

괜찬냥의 하루

냥냥이의 서술어 충전소

갈다

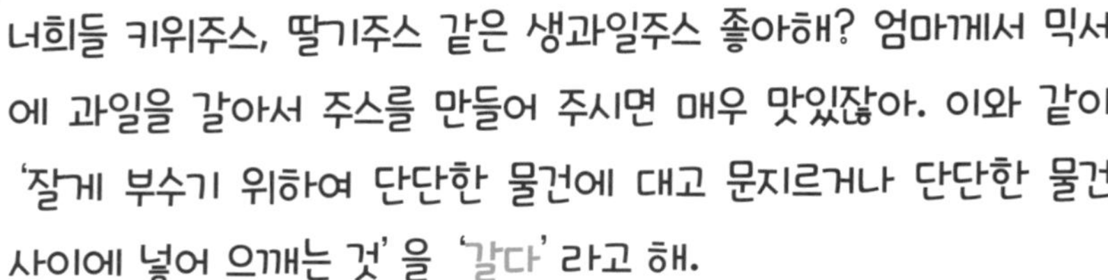

너희들 키위주스, 딸기주스 같은 생과일주스 좋아해? 엄마께서 믹서에 과일을 갈아서 주스를 만들어 주시면 매우 맛있잖아. 이와 같이 '잘게 부수기 위하여 단단한 물건에 대고 문지르거나 단단한 물건 사이에 넣어 으깨는 것'을 '갈다'라고 해.

서술어 친구들

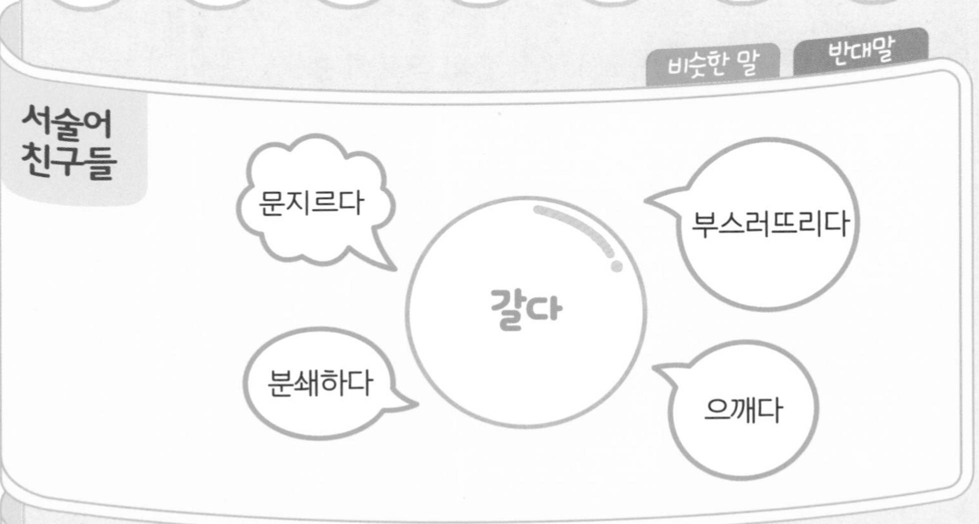

개념어랑 서술어랑

도구, 맷돌, 토기 + 갈다

음식 재료를 가는 도구는 갈돌과 갈판, 맷돌, 믹서 순으로 발달했어. 옛날 사람들은 갈돌과 갈판으로 곡식을 갈아서 토기에 저장했대. 그러다가 차츰 맷돌을 쓰기 시작했고 요즘에는 편리한 믹서를 이용하지.

설날에 할아버지, 할머니나 부모님, 친척 어른들께 세배를 드렸니? 아마도 세뱃돈을 받아서 더 즐거웠을 거야. '윗사람에게 그 사람을 높여 말이나, 인사, 부탁, 약속, 축하 따위를 하는 것'을 '드리다'라고 해. '드리다'는 '주다'의 높임말이기도 해.

서술어 친구들

비슷한 말 / 반대말

드리다

- 비슷한 말: 바치다, 올리다
- 반대말: 주다, 받다

개념어랑 서술어랑

음력, 차례, 세시 풍속 + 드리다

설날은 음력 1월 1일이야. 지난 설날 아침에는 차례를 지내고 어른들께 세배를 드린 다음, 떡국을 먹고 친척들과 윷놀이를 했지. 이것을 설날의 세시 풍속이라고 해. 그리고 부모님께 사랑의 편지를 드렸더니 정말 기뻐하셨어.

서술어 충전소

마련하다

너희들 생일 파티 해 본 적 있지? 엄마께서 내가 좋아하는 음식을 준비해서 생일 파티를 해 주셨어. 생일 선물도 마련해 주셔서 너무 기뻤어. 이렇게 '준비하거나 헤아려 갖추는 것'이 바로 '마련하다'의 의미야.

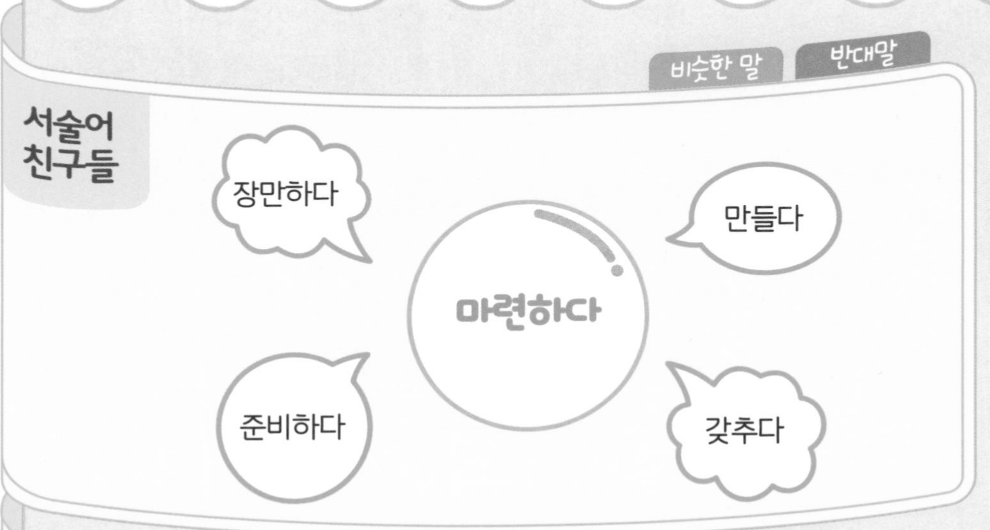

개념어랑 서술어랑

음력, 오곡밥 + 마련하다

오늘은 정월 대보름, 음력으로 1월 15일이야. 이날 아침에는 부럼과 오곡밥을 마련하여 먹었다고 해. 그 이유는 겨울철에 부족한 영양분을 보충하고 피부병을 예방하기 위해서였대. 우리집에 마련한 오곡밥 먹으러 갈래?

머무르다

가족들과 즐거운 여행을 가 보았지? 여행지에서 며칠 묵으면서 관광지도 구경하고 체험도 하잖아. 이렇게 '도중에 멈추거나 일시적으로 어떤 곳에 묵는 것'을 '머무르다'라고 해. 어딘가에 한 번쯤 머무른 적 다들 있지?

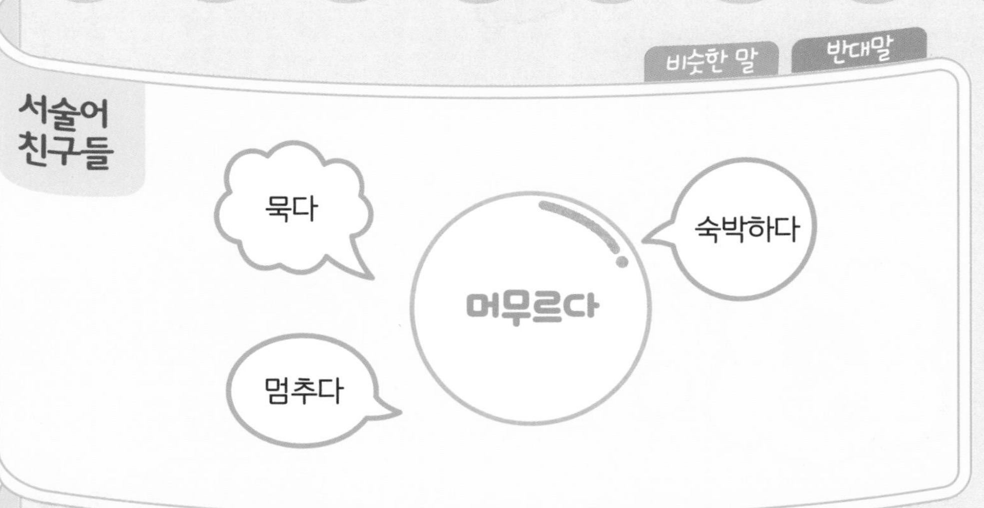

개념어랑 서술어랑

토기, 도구 + 머무르다

옛날 사람들은 한곳에 머물러 살게 되면서 농사를 짓기 시작했어. 그러면서 돌이나 나무로 생활 도구를 만들어 사용하고, 곡식을 저장하기 위한 토기도 만들었지. 한곳에 머무르게 되면서 여러 생활 도구를 만들기 시작한 거지.

가족의 모습과 역할 변화

무엇을 배우나요?

1단원은 '(1) 가족의 구성과 역할 변화'와 '(2) 다양한 가족이 살아가는 모습'이라는 두 개의 소단원으로 되어 있어요. 먼저 옛날과 오늘날의 결혼 풍습 및 가족 형태를 비교하고, 가족의 모습과 가족 구성원의 역할 변화를 배울 거예요. 그리고 오늘날의 다양한 가족 형태와 가족이 살아가는 모습을 살펴보고, 가족이 살아가는 모습에 대하는 바람직한 태도를 알아볼 거예요.

개념어

구성원

독립

반려동물

배려

역할

의식

입양

주례

폐백

핵가족

혈연

형태

혼례

확대 가족

서술어

구분되다

동등하다

감상하다

허물다

선언하다

치르다

구성원

어떤 조직이나 단체를 이루고 있는 사람

構	成	員
얽을 구	이룰 성	인원 원

교과서 속 어휘찾기

- 가족 **구성원**은 집안일을 나누어 하고 중요한 일을 함께 의논하여 결정한다.
- 옛날에는 가족 **구성원** 각자의 역할이 명확하게 구분되어 있었지만 오늘날에는 가족 **구성원**의 역할 구분이 점차 사라지고 있다.

구성원과 일원은 같은 의미?

 난 우리 가족의 일원이야.

일원? 구성원이랑 비슷한 뜻이냥?

맞아. 일원은 단체에 소속된 구성원 중의 하나를 뜻해.

그럼 우리 학교의 구성원은 학생인 우리, 우리를 가르쳐 주시고 도와주시는 여러 선생님들이시겠구나. 그러니까 난 우리 학교의 일원이고.

오호! 너 모르냥이 맞냥?

1. 어떤 조직이나 단체를 이루고 있는 (동물, 사람)을 구성원이라고 한다.

2. 다음 중 '일원'과 비슷한 어휘는?

① 구렁이　　② 구성원　　③ 구구단　　④ 구경

모르냥의 하루

38 독립

다른 것에 속하거나 의존하지 않고 독자적으로 생활하거나 활동함.

교과서 속 어휘 찾기

- 요즘에는 개인의 생활을 중요하게 생각하기 때문에 일찍부터 **독립**을 해서 각자 원하는 곳에 살기도 한다.
- 최근에는 자녀들이 학교에 가거나 취업을 하기 위해 이사하거나 개인 생활을 위해 **독립**하는 경우가 증가하고 있다.

독립과 독자는 비슷해.

난 이제부터 독자적으로 살 거야.

독자? 독립이 맞는 말 아니야? 독자는 남에게 의지하지 않는 자기 혼자를 말하잖냥.

독립적, 독자적 둘 다 어울리는 말이야.

그럼 이제부터 우리도 서로 독자적으로 살자.

우리가 언제 서로를 의지했냥?

1. 다른 것에 속하거나 의존하지 않고 독자적으로 생활하거나 활동하는 것을 (　　　) 이라고 한다.

2. 다음 중 '독립'과 비슷한 어휘는?

① 독자　　② 독서　　③ 독도　　④ 독사

머라냥의 하루

39 반려동물

사람이 정서적으로 의지하고자 가까이 두고 기르는 동물. 개, 고양이, 물고기, 새 따위가 있음.

伴	侶	動	物
짝 반	짝 려	움직일 동	만물 물

교과서 속 어휘찾기

- **반려동물**과 함께 살 때에는 **반려동물**을 가족처럼 여기며 따뜻하게 보살피는 태도가 중요하다.
- **반려동물**과 더불어 살아가려면 그 동물을 끝까지 보살피겠다는 책임감이 있어야 한다.

어휘 친구를 부탁해! 반려동물의 반려를 알아봐!

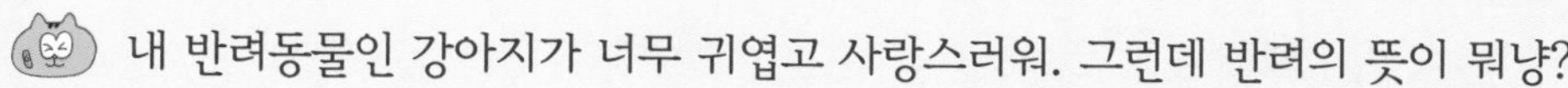

내 반려동물인 강아지가 너무 귀엽고 사랑스러워. 그런데 반려의 뜻이 뭐냥?

'반려'란 생각이나 행동을 함께 하는 짝이나 동무를 말해. 그리고 항상 가까이 하거나 가지고 다니는 물건을 비유적으로 말하기도 해.

그렇구나. 내가 외롭고 힘들 때 나에게 힘이 되어 주었으니까 짝이 맞네.

강아지 이름을 '반려'로 바꾸는 건 어때?

냥냥이와 퀴즈대결

1. 다음 중 (　　)에 공통으로 들어갈 어휘는?

- 사람이 정서적으로 의지하고자 가까이 두고 기르는 동물을 (　　)동물이라고 한다.
- (　　)동물을 기르려면 끝까지 보살피겠다는 책임감이 있어야 한다.

2. 다음 중 '반려동물'이라고 할 수 없는 것은?

① 강아지　　② 고양이　　③ 햄스터　　④ 공룡

예뻐냥의 하루

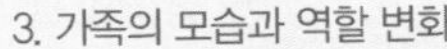

도와주거나 보살펴 주려고 마음을 씀.

교과서 속 어휘찾기

• 가족 구성원들은 서로 존중하고 **배려**하며, 가족 공동의 문제를 대화로 해결하려고 노력해야 한다.

• 건강하고 행복한 가족이 되려면 가족 구성원이 서로 존중하고 **배려**하는 마음을 가져야 한다.

배려와 존중은 자주 함께 사용해.

 담임선생님께서 서로 존중하고 배려하라는 말씀을 자주 하셔. 존중은 뭘까?

존중은 높여서 귀하게 대한다는 뜻이야. 상대방을 존중하는 마음이 있어야 배려할 수 있겠지? 존중과 배려가 같은 뜻은 아니지만 자주 함께 사용돼.

그렇구나. 나도 너의 의견을 존중하고 배려할게.

가까운 친구나 가족일수록 존중과 배려가 더 필요하다는 걸 드디어 깨달았구나.

1. 도와주거나 보살펴 주려고 마음을 쓴다는 뜻의 어휘는?

① 배려 ② 배구 ③ 배반 ④ 배우

2. 다음 중 '배려'로 볼 수 <u>없는</u> 것은?

① 내가 맡은 일 잘하기 ② 언니 얘기를 잘 들어주기

③ 내 장난감 절대 못 만지게 하기 ④ 동생과 놀아주기

알갓냥의 하루

41 역할

자기가 마땅히 해야 할 맡은 바 직책이나 임무

교과서 속 어휘 찾기

- 옛날과 오늘날의 결혼 풍습 및 가족 형태를 비교하고, 가족의 모습과 가족 구성원의 **역할** 변화를 알아보자.
- 옛날과 비교해 보면 오늘날에는 남녀의 **역할** 구분이 많이 줄어들었다.

역할 대신 구실도 사용해.

소방서의 구실은 불난 곳을 찾아가 불을 끄거나 위험한 상황을 겪는 사람을 도와주는 거야.

구실? 역할이랑 비슷한 말이냥?

맞아. 구실도 자기가 마땅히 해야 할 맡은 바 책임을 말해.

역할과 구실은 거의 같은 의미를 가진 낱말이구나.

1. 자기가 마땅히 해야 할 맡은 바 직책이나 임무를 (역할, 역사)(이)라고 한다.

2. 다음 중 '구실'과 비슷한 어휘는?

① 역사　② 역할　③ 역시　④ 역도

괜찬냥의 하루

어떤 행사를 치르는 격식, 또는 정해진 방식에 따라 치르는 행사

교과서 속 어휘찾기

- 남녀가 부부 관계를 맺는 서약을 하는 **의식**인 혼례는 다른 말로 결혼식이라고 한다.
- 혼례는 부부 관계를 맺는 약속을 하는 **의식**이다.

의식과 의례?

지난 주말에 이모 결혼식에 다녀왔어. 결혼식은 새로운 가정을 이루는 중요한 의례잖아.

중요한 의례? 의식이라고 해야 하는 거 아니냥?

의례와 의식은 비슷한 말이야. 의례도 어떤 행사를 치르는 법식이나 정해진 방식에 따라 치르는 행사를 말해.

우리도 서로 친해지는 의식을 치러보는 건 어떻겠냥?

1. 어떤 행사를 치르는 격식, 또는 정해진 방식에 따라 치르는 행사를 (   )이라고 한다.

2. 다음 중 '의례'와 비슷한 어휘는?

① 내 의자　　② 의사 선생님　　③ 친구 의견　　④ 의식

어쩌냥의 하루

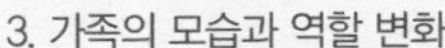

양자로 들어가거나 양자를 들임. 양친과 양자가 법률적으로 친부모와 친자식의 관계를 맺는 일

교과서 속 어휘찾기

- 가족은 부부를 중심으로 한 집단으로 결혼, 출생, **입양** 등으로 이루어진다.
- 가족은 결혼과 혈연으로 이루어기도 하고, **입양**과 같이 새로운 관계로 이루어지기도 한다. **입양**은 혈연관계가 아닌 법적으로 부모와 자식이 되는 것이다.

입양? 양친? 양자? 어려워.

저분은 친부모님을 찾고 싶어 방송에 나왔대. 어릴 때 외국으로 입양되어서 양친이 키워주셨대. 양자로 지낸 거지.

입양은 알겠는데, 양친과 양자는 무슨 뜻이냥?

양친은 입양하여 길러준 양부모를 뜻하고, 양자는 입양에 의해 자식의 자격을 얻은 사람을 뜻해.

저분이 친부모님을 꼭 찾았으면 좋겠다.

1. 양자로 들어가거나 양자를 들이는 것을 입양이라고 한다. (O, X)

2. 다음 중 '입양'과 관련 있는 것은?

① 양자　② 양송이 수프

③ 알록달록 줄무늬 양말　④ 매콤달콤 양파

모르냥의 하루

결혼식 따위의 예식을 맡아 주장하여 진행하는 일 또는 그런 사람. 신랑과 신부에게 부부가 되었음을 선언함.

主	禮
주인 **주**	예도 **례(예)**

교과서 속 어휘찾기

- 신랑과 신부는 **주례**와 가족, 친척, 친구 앞에서 혼인 서약을 한다.
- 신랑과 신부는 결혼을 약속하는 의미로 반지를 주고받고, **주례**는 두 사람이 부부가 되었음을 선언한다.

어휘 친구를 부탁해! 주례와 주례사는 어떻게 다를까?

지난 주말에 고모 결혼식에 갔는데, 주례사가 길고 지루했어.

주례가 아니고 주례사라고 하는 거냥?

주례사는 주례가 예식에서 하는 의례적인 축사를 말해. 주례가 부부가 되었음을 선언한 후 신혼부부에게 축하해 주는 말을 하는 거야.

근데 요즘은 주례가 따로 없고, 신랑과 신부가 직접 혼인을 알리는 글을 읽기도 하더라.

냥냥이와 퀴즈대결

1. (결혼식, 입학식) 따위의 예식을 맡아 주장하여 진행하는 일 또는 그런 사람을 주례라고 한다.

2. 다음 중 '주례가 예식에서 하는 의례적인 축사'를 뜻하는 어휘는?

① 주인 ② 주식 ③ 주례사 ④ 주말

머라냥의 하루

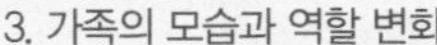

신부가 처음으로 시부모를 뵐 때 큰절을 하고 올리는 대추나 포 따위를 통틀어 이르는 말 또는 그러한 예식을 이르는 말

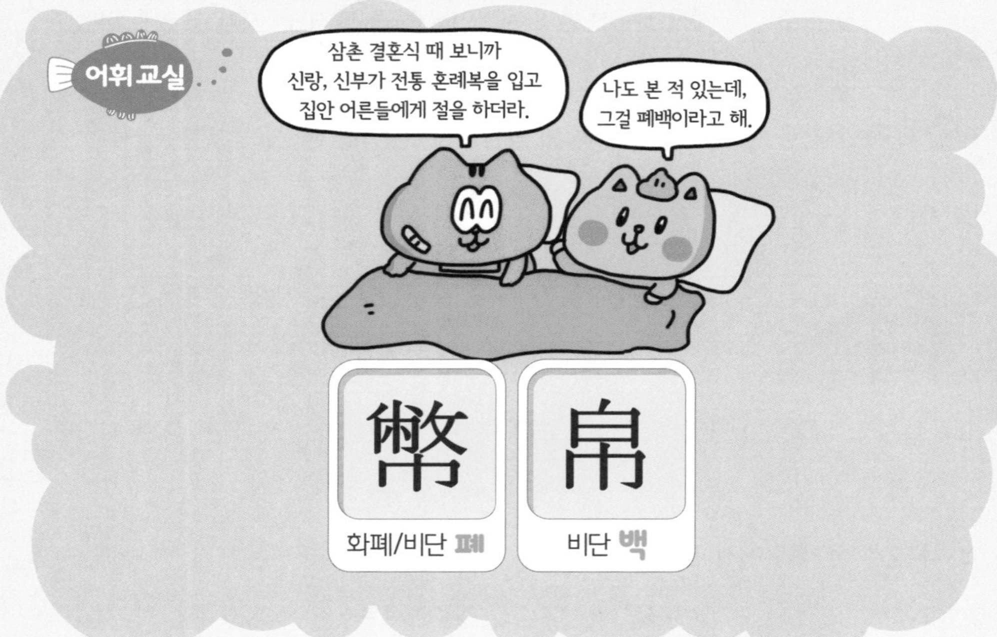

교과서 속 어휘찾기

- 혼례를 마친 신부가 집안 어른들께 처음 하는 인사를 **폐백**이라고 한다.
- 신랑의 집에 도착한 신부는 신랑의 집안 어른들에게 **폐백**을 드리는 첫인사를 하였다.

폐백과 예단은 낯설고 어려워!

옛날에 신부가 시부모님께 드리는 첫인사가 폐백이라고 배웠잖아. 그런데 혼례를 하기 전에 예단을 보내는 절차도 있었대.

예단이 뭐냥?

예단이란 신부 쪽에서 시댁 식구들에게 예를 차리기 위해 보내는 옷감이나 옷가지를 말하는데, 주로 비단을 보냈다고 해.

예단과 폐백도 결혼식의 과정이었구나.

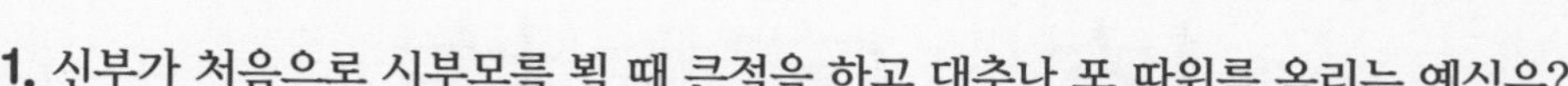

1. 신부가 처음으로 시부모를 뵐 때 큰절을 하고 대추나 포 따위를 올리는 예식은?

① 폐휴지 ② 폐백 ③ 백점 ④ 백화점

2. 다음 중 '폐백'을 하는 장소가 아닌 곳은?

① 신부 집 마당 ② 결혼식장 ③ 폐백실 ④ 교실

어쩌냥의 하루

46 핵가족

한 쌍의 부부와 미혼의 자녀만으로 구성된 가족

교과서 속 어휘찾기

- **핵가족**은 부부와 결혼하지 않은 자녀가 함께 사는 가족 형태를 말한다.
- 오늘날에는 확대 가족보다 **핵가족**이 더 많다.

핵가족의 반대는 확대 가족?

요즘은 핵가족이 점점 늘고 있다고 해. 옛날에도 핵가족이 많았을까?

아니, 옛날에는 확대 가족이 많았어. 확대 가족이란 자녀가 결혼 후에도 부모와 같이 사는 가족 형태를 말해. 옛날 사람들은 주로 농사를 지었는데, 농사를 짓기 위해서는 여러 사람의 힘이 필요했기 때문에 가족들이 모여 살았던 거지.

그러면 확대 가족은 가족 수가 많았겠는걸. 북적북적 재미있었겠다.

1. 한 쌍의 부부와 미혼의 자녀만으로 구성된 가족은?

① 핵심 ② 핵가족 ③ 확대 가족 ④ 사랑하는 가족

2. 자녀가 결혼 후에도 부모와 같이 사는 가족 형태를 ( )이라고 한다.

모르냥의 하루

47 혈연

같은 핏줄에 의하여 연결된 인연

교과서 속 어휘 찾기

- 가족은 다양한 방법으로 이루어지는데, 결혼과 **혈연**으로 이루어진 가족도 있고 입양과 같이 새로운 관계로 이루어진 가족도 있다.
- **혈연**관계가 아닌 사람들이 친부모와 친자식의 관계를 맺는 것을 입양이라 한다.

혈연과 핏줄은 비슷한 말이야.

우리 가족은 같은 핏줄이래.

핏줄? 혈연이라고 해야 하는 것 아니냥?

혈연과 핏줄은 비슷한 말이야. 핏줄에는 혈액이 흐르는 관이란 뜻도 있지만 같은 조상의 피를 이어받은 관계란 뜻도 있어.

그래서 가족과 친척들을 혈연관계라고 하는구나.

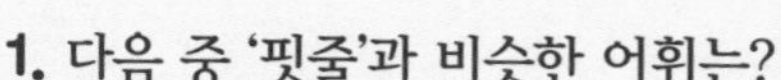

1. 다음 중 '핏줄'과 비슷한 어휘는?

① 자연 ② 연습 ③ 연필 ④ 혈연

2. 혈연관계가 아닌 사람들이 친부모와 친자식의 관계를 맺는 것을 입양이라고 한다. (O, X)

예뻐냥의 하루

어떠한 구조나 전체를 이루고 있는 구성체가 일정하게 갖추고 있는 모양

形 | 態
모양 형 | 모습 태

교과서 속 어휘찾기

- 오늘날 가족을 이루는 구성원이 다양해지면서 가족의 **형태**도 다양해졌다.
- 핵가족은 부부와 결혼하지 않은 자녀가 함께 사는 가족 **형태**를 말한다.

형태와 형식은 비슷해 보여.

 이 일기는 형식에 맞추어서 잘 썼네.

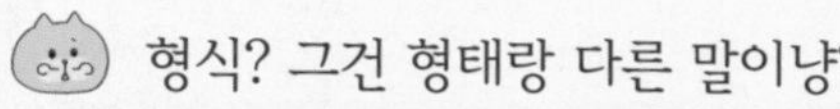 형식? 그건 형태랑 다른 말이냥?

형태와 형식 모두 사물이 외부로 나타나 보이는 모양을 말하는데 형식은 어떤 절차나 격식이라는 뜻도 있어서 이 경우에는 형식이라고 하는 게 좀 더 자연스러워. 내가 보기에 네 일기는 쓴 날짜와 날씨, 일기 제목, 경험한 내용과 느낌 등 일기의 형식에 맞추어 잘 썼어.

가만 있자. 근데 왜 네가 내 일기를 본 거냥!

1. 어떠한 구조나 전체를 이루고 있는 구성체가 일정하게 갖추고 있는 모양을 (　　　　) 라고 한다.

2. 다음 중 '형식'과 비슷한 어휘는?

① 형님　　② 형태　　③ 우리 형　　④ 사이좋은 형제

모르냥의 하루

49 혼례

남녀가 부부 관계를 맺는 서약을 하는 의식. 옛날에는 결혼식을 가리켜 혼례라고 부르기도 함.

교과서 속 어휘찾기

- 옛날에는 **혼례**가 끝난 뒤 부부가 며칠 동안 신부의 집에 머무르다가 신랑은 말을, 신부는 가마를 타고 신랑의 집으로 갔다.
- **혼례**를 치르는 날이 되면 신랑은 나무로 만든 기러기를 가지고 신부의 집으로 갔다.

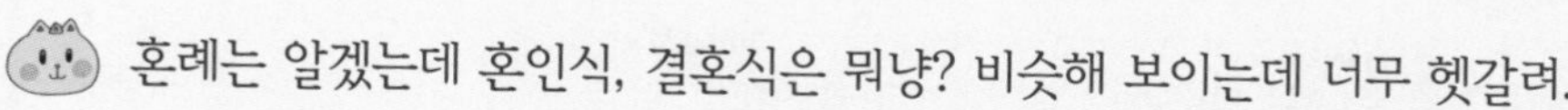

혼례는 알겠는데 혼인식, 결혼식은 뭐냥? 비슷해 보이는데 너무 헷갈려.

혼인은 남자와 여자가 부부가 되는 일로 결혼과 같은 말이야. 그리고 혼인식과 결혼식은 부부 관계를 맺는 서약을 하는 의식을 말하지. 요즘엔 결혼식이란 말을 더 많이 써. 그러니까 혼례와 혼인식, 결혼식은 비슷한 말이야.

옛날에는 혼례라는 말을 주로 썼고, 요즘엔 결혼식이란 말을 주로 쓴다는 거지? 알겠어.

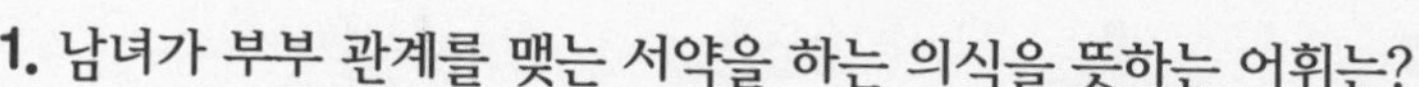

1. 남녀가 부부 관계를 맺는 서약을 하는 의식을 뜻하는 어휘는?

① 혼례 ② 혼자 ③ 혼잣말 ④ 혼나다

2. 다음 중 옛날에 '혼례'를 할 때 신랑이 신부에게 주었던 것은?

① 스마트폰 ② 케이크 ③ 나무 기러기 ④ 아이스크림

괜찮냥의 하루

확대 가족

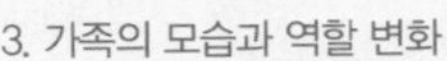

자녀가 결혼 후에도 부모와 같이 사는 가족 형태

교과서 속 어휘 찾기

- **확대 가족**은 결혼한 자녀와 부모가 함께 사는 가족 형태를 말한다.
- 대부분 농사를 짓고 살았던 옛날에는 일손이 많이 필요했기 때문에 여러 명의 가족으로 구성된 **확대 가족** 형태가 많았다.

확대 가족과 대가족이 궁금해.

옛날에는 농사를 지어야 해서 대가족이 많았대.

대가족? 확대 가족이 맞는 말 아니냥?

대가족과 확대 가족은 비슷한 말이야. 대가족은 여러 대의 가족이 한집에 모여 사는 가족이라는 뜻도 있고, 식구 수가 많은 가족이라는 뜻도 있어.

우리 가족은 핵가족인데! 가족의 형태는 다양하구나.

1. 자녀가 결혼 후에도 부모와 같이 사는 가족 형태를 (확대 가족, 핵가족)이라고 한다.

2. 다음 중 '대가족'과 비슷한 것은?

① 냥냥이 가족　　② 사랑하는 우리 가족

③ 강아지 가족　　④ 확대 가족

어쩌냥의 하루

냥냥이의 서술어 충전소

감상하다

너희들 바닷가에 놀러 간 적 있지? 그곳에 가면 맑은 하늘과 푸른 바다, 아름다운 풍경을 즐기느라 정신없잖아. 이렇게 '예술 작품이나 경치 따위를 느끼고 이해하면서 즐기고 평가하는 것'을 '감상하다'라고 해.

서술어 친구들

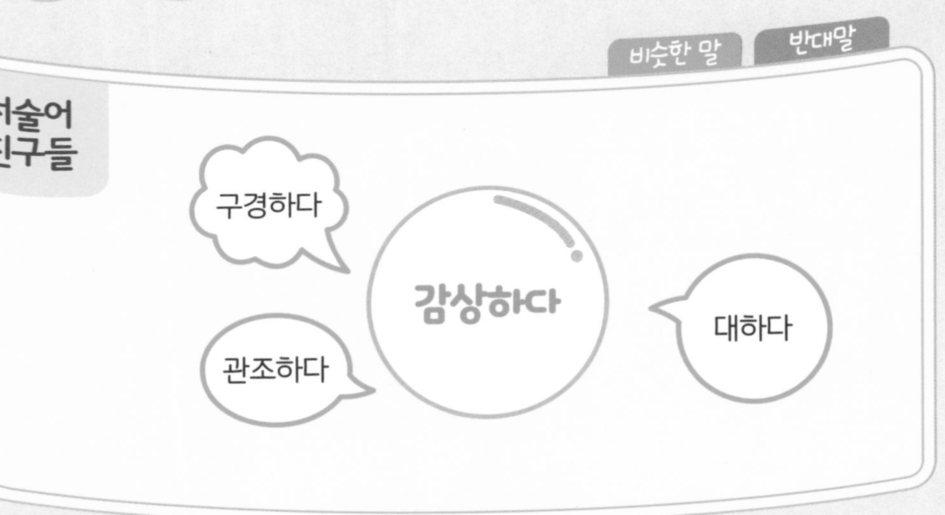

개념어랑 서술어랑

핵가족, 확대 가족 + 감상하다

오늘 우리 학교에서 가족사진 전시회를 했어. 먼저 핵가족 사진들을 감상했고, 다음엔 확대 가족 사진들을 감상했어. 사진을 감상하다 보니까 가족의 형태가 다양하다는 것을 느꼈어.

구분되다

학교는 매일 수업을 받는 교실과 특별한 활동을 하는 교실(도서관이나 체육관 같은 곳), 급식을 먹는 급식실, 보건실, 교무실 등으로 구별되어 있어. 이렇게 '일정한 기준에 의하여 구별해서 나누어지는 것'을 '구분되다'라고 해.

비슷한 말 | 반대말

서술어 친구들

구분되다

- 나뉘다
- 구별되다
- 갈리다
- 가려지다

개념어랑 서술어랑

역할, 구성원, 의식 + 구분되다

옛날에는 남녀 가족 구성원의 역할이 구분되어 있었어. 집안일은 주로 여자가 하고 바깥일은 주로 남자가 했지. 오늘날에는 남녀가 평등하다는 의식이 높아져서 집안일을 가족 구성원 모두가 의논해서 하고 있어.

동등하다

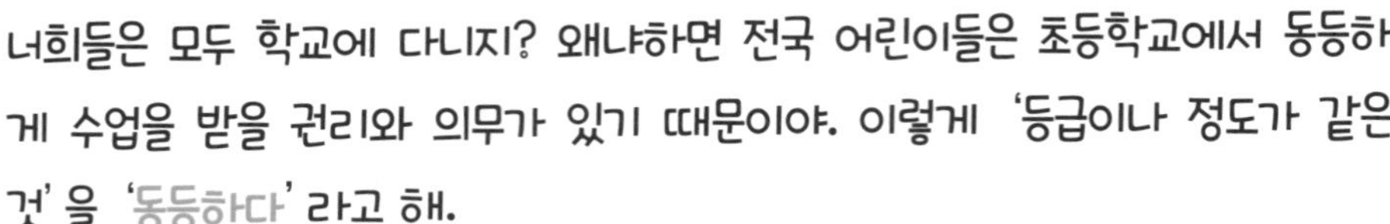

너희들은 모두 학교에 다니지? 왜냐하면 전국 어린이들은 초등학교에서 동등하게 수업을 받을 권리와 의무가 있기 때문이야. 이렇게 '등급이나 정도가 같은 것'을 '동등하다'라고 해.

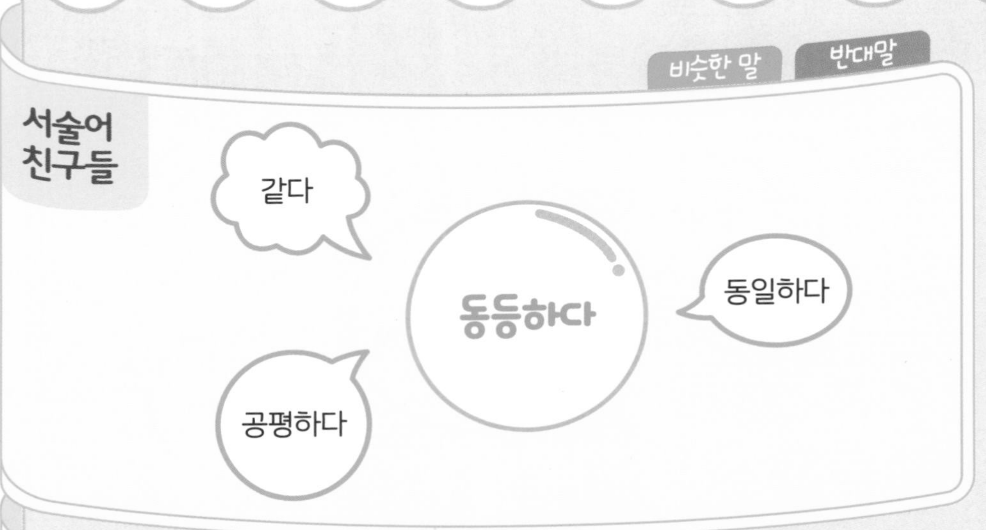

개념어랑 서술어랑

역할, 구성원 + 동등하다

옛날에는 남녀의 역할이 구분되어 있었지만 오늘날에는 남녀의 역할을 구분하지 않고 집안일도 가족이 나누어서 하고 있지. 또한 남녀가 동등하게 교육을 받고 집안의 중요한 일을 가족 구성원이 함께 의논하여 결정하는 일이 많아졌어.

선언하다

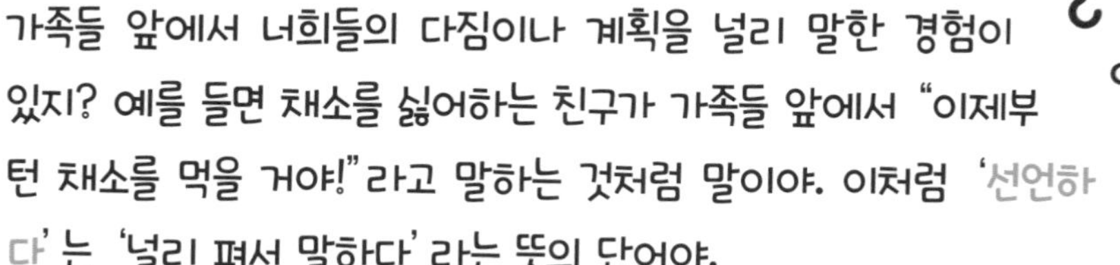

가족들 앞에서 너희들의 다짐이나 계획을 널리 말한 경험이 있지? 예를 들면 채소를 싫어하는 친구가 가족들 앞에서 "이제부터 채소를 먹을 거야!"라고 말하는 것처럼 말이야. 이처럼 '선언하다'는 '널리 펴서 말하다'라는 뜻의 단어야.

비슷한 말 | 반대말

서술어 친구들

공포하다

선언하다

선고하다

개념어랑 서술어랑

주례 + 선언하다

지난주에 이모의 결혼식에 갔어. 신랑과 신부는 결혼을 약속하는 의미로 반지를 주고받고, 주례는 두 사람이 부부가 되었음을 선언하고 축복해 주셨어. 요즘에는 주례 없이 신랑과 신부가 성혼 선언문을 낭독해서 부부가 되었음을 선언하기도 한대.

치르다

고등학생 언니, 오빠들이 대학에 가기 위해 보는 수능 시험에 대해 들어본 적 있어? 수능 시험을 본다라고도 하지만 치른다고도 해. 이처럼 '무슨 일을 겪어 낸다'는 뜻의 단어가 바로 '치르다'야.

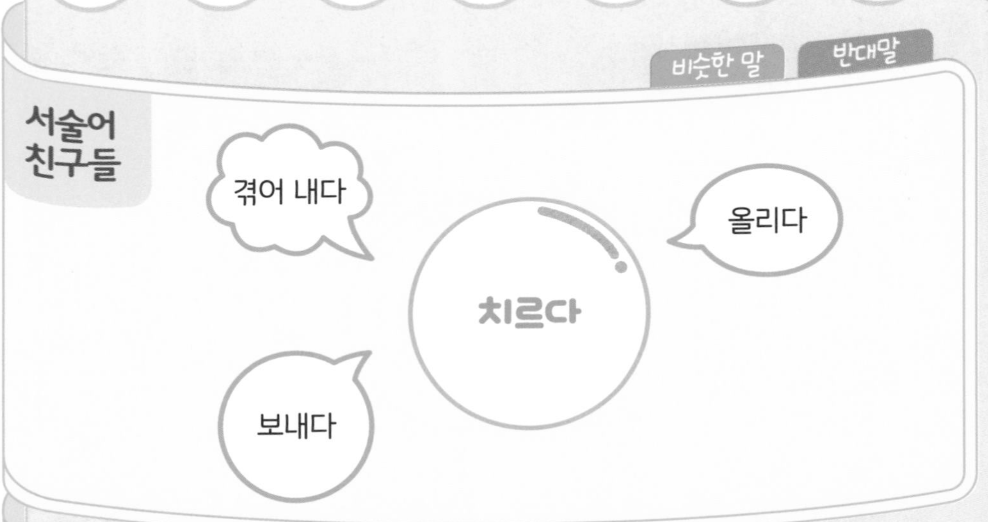

개념어랑 서술어랑

혼례 + 치르다

옛날에는 신부의 집에서 혼례를 치렀다고 해. 신랑은 혼례 날에 나무로 만든 기러기를 가지고 신부의 집으로 갔어. 신랑이 신부의 집에 도착하면 두 사람은 전통 혼례복을 입고 많은 사람들의 축하를 받으며 혼례를 치렀지.

허물다

주변에서 새 건물을 짓는 모습을 본 적 있지? 새 건물을 지으려면 원래 있던 건물을 어떻게 해야 할까? 맞아! 원래 있던 건물을 헐고 새 건물을 짓겠지? 이렇게 '헐어서 무너뜨리는 것'을 '허물다'라고 해.

서술어 친구들

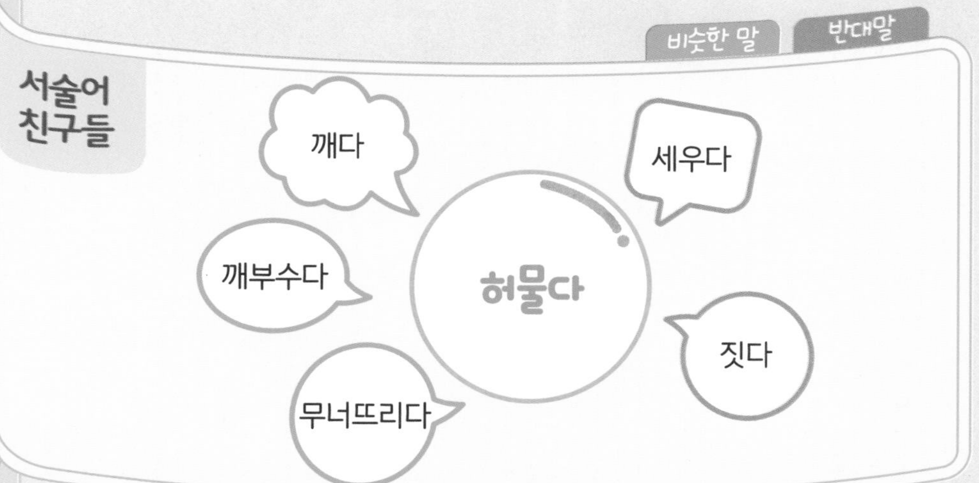

개념어랑 서술어랑

기와집, 독립, 주택 + 허물다

우리 삼촌이 오래된 기와집을 허물고 새로운 주택을 지으셨대. 직장 때문에 혼자 독립해서 지방에 살고 계신데, 허물고 새로 쌓은 담장에 벽화도 그리셨다고 해. 얼른 가 보고 싶어.

번호	단어	1	2
01	강수량	1. 강수량	2. ③
02	갯벌	1. 갯벌	2. ②
03	공장	1. ③	2. ④
04	과수원	1. 과실나무	2. ③
05	기온	1. ③	2. ○
06	사막	1. 사막	2. ①
07	산비탈	1. 산	2. ②
08	숙박	1. ○	2. ④
09	양식장	1. ②	2. ③
10	영양분	1. 영양	2. ④
11	의식주	1. 의식주	2. ④
12	인문 환경	1. ○	2. ④
13	일기 예보	1. ②	2. ①
14	주택	1. 사람	2. ④
15	초가집	1. 초가집	2. ①
16	하천	1. ○	2. ④
17	기와집	1. 기와	2. ③
18	기원	1. 기원	2. ②
19	농기계	1. ①	2. ③
20	단오	1. ×	2. ④
21	덕담	1. 덕담	2. ④
22	도구	1. ①	2. ③
23	맷돌	1. 맷돌	2. ①
24	방직기	1. 실	2. ④
25	복조리	1. 복조리	2. ②

26	세시 풍속	**1.** ○	**2.** ①
27	오곡밥	**1.** 오곡밥	**2.** ③
28	온돌	**1.** 온돌	**2.** ②
29	음력	**1.** ③	**2.** 음력
30	장신구	**1.** ×	**2.** ②
31	중양절	**1.** ②	**2.** ④
32	차례	**1.** 차례	**2.** ①
33	청동	**1.** ○	**2.** ④
34	토기	**1.** 흙	**2.** ①
35	트랙터	**1.** ①	**2.** ×
36	한식	**1.** 한식	**2.** ④
37	구성원	**1.** 사람	**2.** ②
38	독립	**1.** 독립	**2.** ①
39	반려동물	**1.** 반려	**2.** ④
40	배려	**1.** ①	**2.** ③
41	역할	**1.** 역할	**2.** ②
42	의식	**1.** 의식	**2.** ④
43	입양	**1.** ○	**2.** ①
44	주례	**1.** 결혼식	**2.** ③
45	폐백	**1.** ②	**2.** ④
46	핵가족	**1.** ②	**2.** 확대 가족
47	혈연	**1.** ④	**2.** ○
48	형태	**1.** 형태	**2.** ②
49	혼례	**1.** ①	**2.** ③
50	확대 가족	**1.** 확대 가족	**2.** ④

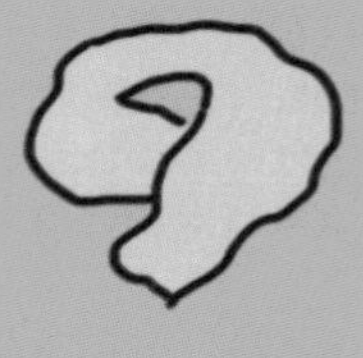
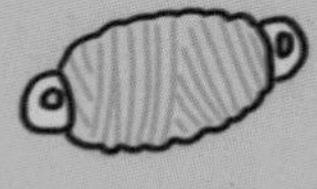

1판 1쇄 펴냄 | 2023년 8월 25일

기 획 | 이은경
글 | 이은경·안수정
그 림 | 김재희
발행인 | 김병준
편 집 | 이현주·박유진
마케팅 | 김유정·차현지
디자인 | 김용호·권성민
발행처 | 상상아카데미

등록 | 2010. 3. 11. 제313-2010-77호
주소 | 서울시 마포구 독막로 6길 11(합정동), 우대빌딩 2, 3층
전화 | 02-6953-8343(편집), 02-6925-4188(영업)
팩스 | 02-6925-4182
전자우편 | main@sangsangaca.com
홈페이지 | http://sangsangaca.com

ISBN 979-11-85402-90-1 (64080)